A LEI
E OUTROS ENSAIOS

Copyright da tradução e desta edição © 2022 by Edipro Edições Profissionais Ltda.

Título original: *La Loi* (1850), *Pétition des Fabricants de Chandelles* (1845) e *Ce qu'on voit et ce qu'on ne voit pas* (1850). Textos publicados originalmente na França.

Todos os direitos reservados. Nenhuma parte deste livro poderá ser reproduzida ou transmitida de qualquer forma ou por quaisquer meios, eletrônicos ou mecânicos, incluindo fotocópia, gravação ou qualquer sistema de armazenamento e recuperação de informações, sem permissão por escrito do editor.

Grafia conforme o novo Acordo Ortográfico da Língua Portuguesa.

1ª edição, 2022.

Editores: Jair Lot Vieira e Maíra Lot Vieira Micales
Coordenação editorial: Fernanda Godoy Tarcinalli
Produção editorial: Carla Bettelli
Edição de textos: Marta Almeida de Sá
Assistente editorial: Thiago Santos
Preparação de textos: Lygia Roncel e Thiago de Christo
Revisão: Viviane Rowe
Diagramação: Estúdio Design do Livro
Capa: Estúdio Insólito
Crédito das imagens de capa: mão com fantoche: PeopleImages/iStock/Getty Images; mão com tesoura: blackred/iStock/Getty Images

Dados Internacionais de Catalogação na Publicação (CIP)
(Câmara Brasileira do Livro, SP, Brasil)

Bastiat, Frédéric, 1801-1850.

    A lei e outros ensaios : Uma defesa do Estado mínimo e da liberdade / Frédéric Bastiat ; prefácio de João Accioly ; tradução e notas de Leandro Cardoso Marques da Silva. — São Paulo : Edipro, 2022.

    Título original: *La Loi*; *Pétition des Fabricants de Chandelles*; *Ce qu'on voit et ce qu'on ne voit pas*.
    ISBN 978-65-5660-087-1 (impresso)
    ISBN 978-65-5660-088-8 (e-pub)

    1. Direito - Filosofia 2. Propriedade I. Accioly, João. II. Título.

22-112207   CDD-347.251

Índice para catálogo sistemático:
1. Propriedade : Direito civil 347.251

Eliete Marques da Silva - Bibliotecária - CRB-8/9380

São Paulo: (11) 3107-7050 • Bauru: (14) 3234-4121
www.edipro.com.br • edipro@edipro.com.br
@editoraedipro   @editoraedipro

O livro é a porta que se abre para a realização do homem.
Jair Lot Vieira

FRÉDÉRIC BASTIAT
A LEI
E OUTROS ENSAIOS
– Uma defesa do Estado mínimo e da liberdade –

Prefácio
João Accioly
Mestre em Economia, bacharel em Direito,
diretor da Comissão de Valores Mobiliários (CVM),
ex-secretário de Indústria, Comércio e Serviços
no Ministério da Economia, ex-diretor de Análises
Econômicas no Ministério da Economia, cofundador
do Instituto Millenium e do Instituto Livre Mercado.

Tradução
Leandro Cardoso Marques da Silva
Bacharel em Filosofia e mestre em Filosofia Francesa
Contemporânea pela Universidade de São Paulo

SUMÁRIO

Prefácio, *por João Accioly*   7

A lei   15

Petição dos fabricantes de velas   61

O que se vê e o que não se vê   67

PREFÁCIO

Em 2020, o breve panfleto que dá título a esta pequena coletânea, "A lei", completou 170 anos. Mais que atual, o texto — obra mais famosa de Bastiat — é, em suas principais ideias, atemporal. Ele passa mensagens cruciais para a compreensão do que deve ser o papel da lei quando se tem por valor central o respeito à individualidade do ser humano. Mensagens essenciais para compreender a visão de mundo baseada na ideia de que ninguém deveria poder impor, à força e não por convencimento, suas preferências particulares a outras pessoas.

A edição desta obra traz, além do texto de "A lei", dois outros ensaios que podem ser considerados os mais importantes do pensador francês.

É curioso escrever sobre a atualidade de Bastiat para o Brasil enquanto ocupante do cargo de secretário de Desenvolvimento de Indústria, Comércio, Serviços e Inovação no Ministério da Economia. Estas linhas foram escritas entre reuniões que evidenciam incontáveis ilustrações quase caricaturescas daquilo que Bastiat critica em "A lei" e em outros textos fundamentais seus, como "O que se vê e o que não se vê" e "Petição dos fabricantes de velas", também incluídos nesta edição.

Em "Petição dos fabricantes de velas", Bastiat resume de forma genial e bem-humorada o quão descabidas são as pretensões de setores da economia que demandam proteção contra concorrentes mais eficientes.

Por sua vez, "O que se vê e o que não se vê" é um dos trabalhos mais essenciais para adquirirmos noção da boa economia. Em termos de relevância científica, o valor dessa obra é inestimável. Bastiat desenvolve de forma pioneira um dos conceitos fundamentais da economia, que veio a ser posteriormente chamado de custo de oportunidade. Mas o valor desse ensaio vai bem além disso; o leitor é praticamente introduzido a uma forma diferente de pensar, olhando os fenômenos para além do que é imediato e óbvio. A multiplicidade de exemplos faz com que ler a obra de vez em quando sirva como um excelente treinamento para o raciocínio econômico (no que cabe de pessoalidade num prefácio, devo dizer que é minha obra favorita de Bastiat).

O texto de "A lei" foi escrito por Bastiat quando a França vivia a ressaca das revoluções de 1848. Ele havia participado da revolução de 1830 contra o absolutismo. Indignado com o que vê acontecer, descreve o que os socialistas de 1848 estavam fazendo: em vez de desmantelar um sistema perverso, queriam apenas tomar o lugar dos que o controlavam para usar os mesmos poderes e os mesmos métodos, visando a objetivos egoístas, ainda que travestidos do que Bastiat chama de falsa filantropia. Não queriam eliminar as injustiças da coerção, da espoliação, da violação de direitos individuais. Embora fosse para dar finalidades diversas ao produto da pilhagem, no fim do dia, queriam apenas passar de espoliados a espoliadores.

Esta pequena obra é capaz de articular, de forma cristalina e sintética, diversos postulados essenciais à defesa da liberdade individual.

Um desses postulados é o de se dever sempre questionar a legitimidade da lei, mesmo uma lei que tenha sido criada num processo suposta e autodeclaradamente "democrático". Essa noção tem um valor inestimável. Nunca se deve esquecer de que um ato legislativo é um ato humano, uma criação de um grupo de pessoas que afeta outras pessoas, independentemente de isso se dar através de organizações coletivas e instituições identificadas por conceitos abstratos como "Congresso", "Estado", "legislador".

O autor fala da lei desviada do que deveriam ser seus objetivos: assegurar a inviolabilidade dos direitos individuais, permitir que as pessoas se organizem e convivam por acordo e não por violência, a não ser quando praticada em legítima defesa. *A lei que se desvia desses objetivos é ilegítima.*

Esta é a principal noção que este ensaio apresenta e ilustra de maneira tão viva: uma lei não é legítima se faz algo que uma pessoa não poderia fazer diretamente a outra.

Se não posso roubar, não posso passar uma procuração para que outra pessoa roube em meu favor. Se não posso impedir à força que uma pessoa venda algo para outra que queira comprar, não posso mandar um capanga apontar uma arma para ambas e impedir o negócio. Parece óbvio? Mas é isso — e aqui Bastiat retira um véu que obscurece essa obviedade —, é isso que faz o Estado por intermédio da lei quando delibera tomar à força de fulano para dar a sicrano, ou quando proíbe beltrana de negociar com sicrana, ou lhes cobra uma tarifa para isso.

Não existe concretamente o "Estado". O que existe são pessoas de carne e osso. Se pessoas criam um clube de extorsão e comandam grupos armados para cumprir ordens violadoras de direitos individuais, isso é moralmente condenável, socialmente indesejável. No entanto não é tão óbvio que a mesma coisa acontece, no mundo dos fatos e não dos conceitos, quando as pessoas nomeiam congressistas para escreverem regras arbitrárias num papel, sob o nome de "leis", e colocam os agentes do "Estado" para lhes dar cumprimento. Um visitante de outro planeta enxergaria a mesmíssima cena: pessoas subjugando injustamente outras à base da força. Rótulos como "democracia" ou "república" não alteram a realidade dura da coerção injusta.

Esta ideia central — a lei não é legítima quando faz algo que uma pessoa não poderia fazer a outra — pode ser vista como premissa de outras ideias que formam os alicerces da riqueza do texto. Uma delas é a de que o apelo das leis que restringem transações voluntárias vem da arrogância dos socialistas de querer brincar de ser Deus e moldar a sociedade como um artesão molda a argila. Outra é a de apontar contradições ao conceito de que leis podem ser legítimas apenas por serem "democráticas", ou seja, votadas por políticos que as pessoas escolheram. Se essas pessoas são tão incapazes, imorais e ignorantes como os políticos pressupõem nas leis que assim as tratam, por que o direito delas de votar é tão defendido? E mais, se as tendências humanas são tão más que não se deve permitir que as pessoas sejam livres, como é possível que as tendências dos organizadores da sociedade sejam sempre boas? Eles não são feitos da mesma matéria?

Também se pode levar essa forma de pensar adiante e questionar: se as pessoas têm capacidade de eleger "representantes" para defender seus interesses, por que não poderiam se fazer representar diretamente? Se uma escolha não afeta ninguém além de Ana e Maria, Pedro ou Paulo não deveriam ter legitimidade para impedi-las de fazê-la, mesmo que estes fossem seus "representantes" num fórum público de deliberação coletiva. Deveria ser intuitivo que o mandante manda mais que o mandatário, mas isso misteriosamente se perde em meio a expressões vagas como "interesse público", "maturidade do mercado", "desenvolvimento da economia", entre outras que Pedro e Paulo usam para impedir Ana e Maria de decidir o que fazer com o que é apenas delas.

O leitor poderá observar que Bastiat adota uma postura jusnaturalista ao defender suas ideias. Sob essa óptica, direitos individuais viriam de uma dádiva divina, seriam verdades universais, eternamente imutáveis.

Não é preciso concordar com esse tipo de jusnaturalismo — este prefaciador, por exemplo, não concorda — para concordar com o que o autor defende no texto. Mesmo que provavelmente tenha sido fruto de suas crenças reais, a afirmação veemente da autoevidência, da inegabilidade e até da divindade dos princípios que sustentam o texto pode ser vista como fortalecimento retórico. A origem histórica das regras de organização social, que Bastiat diz ser antecedente a qualquer organização política, não é essencial para se concordar com sua visão sobre o que essas regras *devem* ser. Esse jusnaturalismo importa bem pouco, também, para a correção da afirmação, tão fundamental ao texto, de que os direitos individuais de propriedade e autodefesa são anteriores e mesmo pressupostos ao Estado (ao menos em sua origem), e não concessões deste. Veja-se que, ainda que acreditasse na sacralidade dos direitos individuais, Bastiat afirma essa anterioridade também como fato histórico: "Vida, liberdade e propriedade não existem porque homens fizeram leis. Pelo contrário, o fato é que vida, liberdade e propriedade existiam de antemão ao que levou os homens a fazer leis.".

Pensadores como Adam Ferguson (século XVIII), Henry Maine (século XIX), Friedrich Hayek e Karl Popper (século XX) trataram a fundo do surgimento e da evolução espontânea de costumes, regras jurídicas e instituições sociais em geral. Eles mostram como esses direitos fundamentais (no sentido de serem fundamentos da organização social, não no sentido vulgar de estarem assim definidos em uma lei ou constituição) são anteriores e pressupostos da organização de aparatos que se desenvolvem para constituir o Estado. Pressupostos e anteriores não por crença religiosa ou por serem considerados verdades incontestáveis, e sim por terem sido fruto de séculos, milênios de tentativa e erro, os grupos que observavam determinadas regras tornavam-se mais prósperos, e tornava-se mais pacífica a vida de quem seguia essas regras; por sua vez, costumes e regras prejudiciais às comunidades que os adotavam foram sendo abandonados. Daí que não é mera coincidência o fato de a razão "pura" ou a religião levarem à crença de que os direitos que permitiram à humanidade avançar como havia avançado constituam a *única* forma possível de organização social (outras formas existiram e existem, apenas não deram e não dão certo).

Sejam eternas e inegáveis, ou ainda que tenham evoluído espontaneamente, o que importa é que as leis do Estado só são legítimas, ou ao menos só são desejáveis, na medida em que respeitem estes direitos: vida, liberdade e propriedade.

Essa anterioridade dos direitos bate frontalmente com o positivismo jurídico, pilar da visão do Estado moderno como legitimador do que é certo e errado por meio da edição de leis.

E qual é a origem de tanta violação à legitimidade das leis? Bastiat organiza os vícios humanos que deturpam as leis entre dois impulsos: um, o instinto de obter o que se quer com o menor esforço; outro, o que chama de falsa filantropia.

É claro que todos nós queremos o máximo com o mínimo de esforço. Por isso é que surge a necessidade de haver o direito de propriedade e o direito de legítima defesa, para que o desejo de obter bens materiais dependa de trocas voluntárias. Mas quando a lei permite obter alguma coisa sem dar algo em troca, eis aí a institucionalização do esbulho. Quem tem acesso ao aparato de criação de leis vai querer executá-las para promover o esbulho em favor de si próprio e de seus eleitos, sejam estes empresários de "setores estratégicos", sejam pessoas carentes.

Bastiat usa os Estados Unidos como exemplo da nação cujo Estado mais se aproxima do que seria a legitimidade de defesa dos direitos fundamentais. Ele aponta como imperfeições do sistema americano dois fatores: a escravidão, que é obviamente a absoluta violação do direito à liberdade, e as tarifas protecionistas, violação da propriedade pela lei (o Sul preferia a Europa aos estados do Norte para negociar).

De um modo profético, ele afirma em seu texto que esses males poderiam levar a União à ruína. E eles foram as principais causas da grande ruptura da ordem ocorrida com a Guerra Civil, que eclodiu menos onze anos após a edição do manifesto. Infelizmente, a liberdade não venceu por inteiro: a escravidão terminou, mas o protecionismo permaneceu.

É interessante (e triste) notar como os americanos podem servir de referência hoje em sentidos parecidos. Os Estados Unidos ainda são a maior economia de mercado do mundo. Um capitalismo fervilhante significa incontáveis transações que dependem do respeito à propriedade e à liberdade de usá-la e da proteção à segurança individual. Infelizmente, porém, não são apenas dois fatores que os afastam dos princípios de uma sociedade justa como eram na metade do século retrasado.

O protecionismo ainda existe, mas continua secundário (ao menos em termos morais) diante de fenômenos mais graves — assim como a escravidão era obviamente muito mais grave que o protecionismo na época de Bastiat. Vemos hoje a escalada da intolerância do politicamente correto, da cultura do cancelamento, do revisionismo histórico, de todo o movimento *woke*.[1] Tumores malignos contra a liberdade em suas facetas mais básicas — pensamento e expressão — que vêm se espalhando a partir da esquerda radical que assola o ambiente acadêmico, influencia a maior parte da mídia e caminha rapidamente para uma hegemonia nas grandes empresas; nestas especialmente ajudadas pelo modismo desenfreado do ESG, do "great reset" e de outros odres novos para os velhos vinhos das ideologias socialistas. Esses são fenômenos mais complexos, pois não fazem necessariamente uso do poder coercitivo do Estado. Porém, com o passar do tempo, essas bandeiras são convenientemente apropriadas por burocratas e políticos e vão tornando-se regulamentos, leis e, em última análise, cristalizam-se em instâncias de coerção ilegítima, núcleo da crítica de Bastiat.

Não é preciso muito esforço para perceber o quanto isso também se vê, de forma crescente, no Brasil. Felizmente, o que ocorre aqui ainda não se compara com o que ocorre nos Estados Unidos — e esperemos e lutemos para que nunca chegue a tanto.

Por outro lado, em termos de barreiras tarifárias, o Brasil está muito pior que os Estados Unidos. Somos uma das economias mais fechadas do mundo. Apesar de um mercado interno poderoso, proporcionalmente, negociamos muito pouco com o resto do mundo. Isso representa o quanto o Brasil deixa — ou melhor, o quanto os brasileiros deixam — de ter

---

1. O termo "woke", como um termo político de origem afro-americana, se refere a uma percepção e uma consciência das questões relativas à justiça social e racial; deriva da expressão do inglês vernáculo afro-americano "stay woke", cujo aspecto gramatical se refere a uma consciência contínua dessas questões. (N.E.)

facilidade de acesso a bens materiais. É comum ainda esbarrar no mito de que seria desejável ser um país "autossuficiente". Não é. Uma economia fechada é semelhante a alguém que tenha de construir a própria casa, plantar e cultivar a própria comida, fabricar as próprias ferramentas. Até mesmo as comunidades mais rudimentares têm divisão de trabalho. O ferreiro não faz as próprias roupas nem o tecelão forja suas ferramentas. Cada um faz o que faz melhor e troca o excedente, com isso, aumentando a produtividade total. Esse mecanismo vale para indivíduos, passando por pequenas comunidades e chegando às grandes economias de mercado de consumo em massa, um potencial que o Brasil tem por natureza, mas desperdiça por artifício, resultante da mentalidade dirigista e intervencionista que supõe ser o Estado o motor da economia.

A espoliação é legalizada, institucionalizada, cristalizada até mesmo na cultura, que chega a aprisionar cognitivamente o indivíduo nas jaulas do pensamento estatista, centralizador, impositivo. Inúmeros fundos com dinheiro público existem para serem destinados a projetos "estratégicos" ou de "interesse da coletividade", projetos de lei pululam tentando criar outros, barreiras tarifárias são defendidas com unhas, dentes e sofisticados argumentos técnicos. E daí por diante.

A ilegitimidade da lei funciona como uma bola de neve. Barreiras tarifárias para "proteger" matéria-prima encarecem o produto industrializado brasileiro, que fica mais caro que o importado. Diante da impossibilidade política de retirar a "proteção" à matéria-prima, o setor industrial não tem como competir em preço com fabricantes de países em que a matéria-prima, mesmo quando importada, é mais barata. Além disso, toda a economia sofre com as diferentes dimensões do chamado "custo Brasil". É caro tomar crédito, é caótico pagar tributos, é caríssimo empregar capital humano, e daí por diante. E esses entraves, enquanto não eliminados, revertem em pleitos de mais proteção. É como se a empresa brasileira fosse um carro de corrida de três toneladas. Não acelera, não faz curva, não freia. A melhor preparação seria tirar pelo menos dois terços do peso, mas o que se faz é tentar acrescentar um motor maior, um turbocompressor, freios e rodas maiores. Fica mais caro para todos e, ainda assim, não ganha dos carros mais leves.

No fim, chega-se ao que Bastiat descreve quando diz que uma das reações comuns à espoliação legalizada é destinar para si o que foi espoliado.

O mesmo acontece nos programas de transferência de renda: é mais fácil querer defender a ampliação da espoliação generalizada e pegar um bocado do que a redução da retirada inicial dos recursos da sociedade. Daí é que o francês extrai sua célebre afirmação de que "o Estado é a grande ficção da qual todo mundo se esforça para viver às custas de todo mundo".

Lendo os três ensaios deste pequeno livro e contrapondo seus ensinamentos ao que se vê hoje, seja no Brasil, seja no resto do mundo, uma coisa deverá ficar certa para o leitor: é desejável o quanto antes reverter as tendências atuais de destruição da liberdade. Para isso, é preciso acreditar no poder das ideias e ter a bravura de defendê-las. A edição desta obra é um valioso ato nesse sentido.

Torço para que você a aprecie e espalhe sua mensagem!

João Accioly
Brasília, abril de 2022

A LEI[2]

A lei pervertida! A lei — e consecutivamente todas as forças coletivas da nação —, a lei, digo, não apenas desviada de seu objetivo, mas aplicada na consecução de um objetivo diretamente contrário! A lei transformada no instrumento de todas as cobiças, em vez de ser-lhes o freio! A lei realizando, ela mesma, a iniquidade que tinha por missão punir! Certamente, caso seja real, eis aqui um fato grave, sobre o qual me deva ser permitido chamar a atenção de meus concidadãos.

Recebemos de Deus o dom que, para nós, abrange todos os demais, a vida — a vida física, intelectual e moral. Mas a vida não se mantém por si mesma. Aquele que a concedeu a nós também nos deixou a responsabilidade de preservá-la, desenvolvê-la e aperfeiçoá-la.

Para tanto, ele nos proveu de um conjunto de faculdades maravilhosas e nos inseriu em um meio repleto de matérias diversas. É através da aplicação de nossas faculdades sobre essas matérias que se realiza o fenômeno da assimilação, da apropriação, pelo qual a vida percorre o caminho que lhe foi atribuído.

Existência, faculdades, assimilação — em outras palavras, personalidade, liberdade, propriedade —, eis o homem.

Dessas três coisas pode-se dizer, para além das sutilezas demagógicas, que são anteriores e superiores a toda legislação humana.

---

2. Panfleto escrito em junho de 1850, nos dias que o autor passou com a família em Mugron. O texto foi extraído, na íntegra, do quarto volume das obras completas de Frédéric Bastiat (publicadas em sete volumes em 1863), das páginas 342 a 393. (N.E.)

Não é porque os homens editaram leis que a personalidade, a liberdade e a propriedade passaram a existir. Ao contrário, é porque a personalidade, a liberdade e a propriedade preexistem que os homens fazem leis.

O que é, portanto, a lei? Assim como já disse em outra ocasião, é a organização coletiva do direito individual de legítima defesa.

Cada um de nós recebe, certamente, da natureza e de Deus, o direito de defender sua pessoa, sua liberdade e sua propriedade, pois esses são os três elementos constitutivos, ou conservadores, da vida. Elementos que se completam uns pelos outros e não podem ser compreendidos uns sem os outros. Afinal, o que são nossas faculdades senão um prolongamento de nossa personalidade? E o que é a propriedade senão um prolongamento de nossas faculdades?

Se cada homem possui o direito de defender, mesmo que pela força, sua pessoa, sua liberdade e sua propriedade, então, vários homens têm o direito de entrar em acordo, de chegar a um entendimento, de organizar uma força comum para poderem, regularmente, manter essa defesa.

Portanto, o direito coletivo tem seu princípio, sua razão de ser e sua legitimidade fundados no direito individual. E a força coletiva não pode, racionalmente, ter outro objetivo, outra missão, senão a das forças isoladas que esta substitui.

Sendo assim, da mesma forma que a força de um indivíduo não pode, legitimamente, atentar contra a pessoa, a liberdade e a propriedade de outro indivíduo, a força comum também não pode ser legitimamente aplicada com o fim de destruir a pessoa, a liberdade e a propriedade dos indivíduos ou das classes. Afinal, tal perversão da força estaria, tanto em um caso como no outro, em contradição com nossas premissas. Quem ousará afirmar que a força nos foi concedida não para a defesa de nossos direitos, mas para suprimir os direitos iguais de nossos irmãos? E se isso não é verdadeiro quanto a cada força individual, agindo isoladamente, como então poderia ser verdadeiro em relação à força coletiva, que é, tão somente, a união organizada das forças isoladas?

Portanto, se há uma coisa evidente, é isto: a lei é a organização do direito natural de legítima defesa, é a substituição das forças individuais pela coletiva, para agir dentro do perímetro no qual aquelas têm o direito de agir, para fazer o que elas têm o direito de fazer, para garantir as pessoas, as liberdades, as propriedades, para manter cada um em seu direito, para fazer reinar entre todos a JUSTIÇA. E, se existisse um povo constituído sobre essa base, parece-me que a ordem o faria prevalecer tanto nos feitos como nas ideias. Acredito que tal povo teria um governo bastante simples, econômico, leve, imperceptível, com poucas responsabilidades, o mais justo e, consequentemente, o mais sólido que se possa imaginar, qualquer que fosse, aliás, a sua forma política.

Afinal, sob tal regime, cada um compreenderia bem que possui toda a plenitude, assim como toda a responsabilidade por sua existência. Com a condição de que a pessoa fosse respeitada, o trabalho livre e seus frutos fossem garantidos contra toda infração injusta, então ninguém teria assunto nenhum a tratar com o Estado. Felizes, não teríamos, é verdade, nada a lhe agradecer por nossos sucessos; mas, infelizes, também não imputaríamos a ele nossos reveses, assim como camponeses não atribuem ao Estado o granizo ou a geada. Nós o conheceríamos apenas através do inestimável benefício da SEGURANÇA.

Pode-se afirmar ainda que, graças à não intervenção do Estado nos negócios privados, as necessidades e as satisfações se desenvolveriam na ordem natural. De modo algum veríamos as famílias pobres buscar a instrução literária antes de ter o pão de cada dia. De modo algum veríamos a cidade ser povoada às custas dos campos, ou estes às custas daquela. Não veríamos esses grandes deslocamentos de capital, de trabalho, de população causados por medidas legislativas; deslocamentos que tornam tão incertas e precárias as próprias fontes da existência e, através disso, exacerbam a responsabilidade dos governos.

Infelizmente, a lei, às vezes, ultrapassa seus limites. É necessário que ela não os ultrapasse sequer em pontos de vista neutros e discutíveis. Mas ela fez pior: agiu contrariamente ao seu próprio fim, destruiu seu próprio objetivo. Ela se engajou em suprimir essa mesma justiça que deveria fazer reinar, dedicou-se a apagar, entre os direitos, o limite que tinha como missão fazer respeitar. Ela colocou a força coletiva a serviço daqueles que querem espoliar, sem risco e escrúpulo, a pessoa, a liberdade ou a propriedade de outrem; converteu a espoliação em direito para protegê-la e transformou a legítima defesa em crime para puni-la.

Quando se realizou tal perversão da lei? Quais foram suas consequências?

A lei se perverteu sob a influência de duas causas muito diversas: o egoísmo pouco inteligente e a falsa filantropia.

Discorramos sobre a primeira.

Preservar-se, desenvolver-se, essas são as aspirações comuns a todos os homens, de tal sorte que caso cada um gozasse do exercício livre de suas faculdades e do livre uso de seus produtos, então o progresso social seria incessante, ininterrupto, infalível.

Entretanto, existe uma outra disposição que lhes é tão comum quanto as anteriores. É a disposição de viver e se desenvolver, quando podem, às custas uns dos outros. Esta não é uma acusação ao acaso, emanada de uma mente desgostosa e pessimista. A história dá seu testemunho disso através das guerras incessantes, das migrações dos povos, das opressões sacerdotais, da universalidade da escravidão, das fraudes industriais e dos monopólios dos quais seus anais estão repletos.

Essa disposição funesta nasce da própria constituição do homem, desse sentimento primitivo, universal, invencível, que o impele ao bem-estar e o faz fugir da dor.

O homem só pode viver e regozijar-se por meio de uma assimilação, uma apropriação perpétua, em outras palavras, por meio de uma perpétua aplicação de suas faculdades sobre as coisas, ou seja, pelo trabalho. Daí vem a propriedade.

Mas, de fato, ele pode viver e regozijar-se assimilando para si, apropriando-se do produto das faculdades de seu semelhante. Daí vem a espoliação.

Ora, sendo o trabalho em si mesmo uma pena, e o homem tendendo naturalmente a fugir do que é penoso, segue-se — e a história está aí para prová-lo — que, em todo lugar onde a espoliação é menos onerosa que o trabalho, ela prevalece; ela prevalece sem que, nesse caso, nem a religião nem a moral possam impedi-la.

Portanto, quando termina a espoliação? Quando ela se torna mais onerosa, mais perigosa que o trabalho.

É deveras evidente que a lei deveria ter por objetivo opor o poderoso obstáculo da força coletiva contra essa funesta tendência, que ela deveria tomar partido da propriedade contra a espoliação.

Mas a lei é feita, na maioria das vezes, por um homem ou por uma classe de homens. E uma vez que a lei não existe, em absoluto, sem sanção, sem o apoio de uma força preponderante, não é possível que ela não coloque, definitivamente, essa força nas mãos daqueles que legislam.

Esse fenômeno inevitável, combinado com a funesta inclinação que constatamos no coração do homem, explica a perversão quase universal da lei. Concebemos como — no lugar de ser um freio para a injustiça, a lei se torna um instrumento, e o mais invencível instrumento da injustiça. Concebemos que, segundo o poder do legislador, a lei age em seu benefício, e em vários graus, destruindo entre os outros homens a personalidade, através da escravidão, a liberdade, através da opressão, e a propriedade, através da espoliação.

Está na natureza dos homens reagir contra a iniquidade da qual são vítimas. Então, assim que a espoliação é organizada pela lei em benefício das classes que produzem esta, todas as classes espoliadas tendem — por vias pacíficas ou por vias revolucionárias — a participar por algum meio na elaboração das leis. Essas classes, de acordo com o grau de esclarecimento que alcançaram, podem propor duas finalidades bem diferentes uma vez que conquistem seus direitos políticos: ou querem fazer cessar a espoliação legal, ou aspiram a tomar parte dela.

Infortúnio, três vezes infortúnio para as nações onde este último pensamento é dominante entre as massas, no momento em que elas tomam conta, por sua vez, do poder legislativo!

Até esta época, a espoliação legal era exercida pela minoria sobre a maioria, assim como se vê entre os povos cujo direito de legislar está concentrado em poucas mãos. Mas eis que tal poder se tornou universal, então procura-se o equilíbrio na espoliação universal. No lugar de extirpar-se aquilo que a sociedade continha de injustiça, ela é generalizada. Tão logo as classes desfavorecidas recuperam seus direitos políticos, a primeira coisa que lhes acomete não é livrar-se da espoliação (isso suporia nelas esclarecimentos que não podem ter), mas organizar, contra as outras classes e em seu próprio detrimento, um sistema de represálias — como se fosse necessário, antes do advento do reino da justiça, que uma cruel retribuição se abatesse sobre todos, em alguns por causa de sua iniquidade, em outros por causa de sua ignorância.

Portanto, não poderia introduzir-se na sociedade maior mudança e maior infelicidade do que esta: a lei convertida em instrumento de espoliação.

Quais são as consequências de tal perturbação? Seriam necessários diversos volumes para descrevê-las todas. Contentemo-nos em indicar as mais proeminentes.

A primeira é apagar das consciências a noção do justo e do injusto. Nenhuma sociedade pode existir se nela o respeito pelas leis não reinar em algum grau; mas ainda mais certo é que, para que as leis sejam respeitadas, elas devem ser respeitáveis. Quando a lei e a moral estão em contradição, o cidadão se encontra entre a cruel alternativa de perder a noção da moral ou perder o respeito pela lei, dois infortúnios igualmente grandes e entre os quais é difícil escolher.

É de tal forma da natureza da lei fazer reinar a justiça, que a lei e a justiça, no pensamento das massas, são a mesma coisa. Temos todos uma forte disposição para olhar aquilo que é legal como legítimo, a tal ponto que, para muitos, falsamente, toda a justiça resulta da lei. Logo, é suficiente que a lei ordene e consagre a espoliação, para que a espoliação pareça justa e sagrada para muitas consciências. A escravidão, a restrição, o monopólio encontram defensores não apenas entre os que deles se beneficiam, mas também entre os que deles são alvo. Tenta colocar em dúvida a moralidade dessas instituições: "És — responderão — um inventivo perigoso, um utopista, um teórico, um detrator das leis. Abalas a base sobre a qual repousa a sociedade!". Tu ministras um curso de moral ou de economia política? Haverá órgãos oficiais que levarão ao governo este voto:

> Que, doravante, a ciência seja ensinada não mais unicamente do ponto de vista do livre-comércio (da liberdade, da propriedade e da justiça), assim como o foi até o momento, mas também e sobretudo do ponto de vista dos fatos e da legislação (contrário à liberdade, à propriedade e à justiça) que governa a indústria francesa.
>
> Que nas cátedras públicas remuneradas pelo tesouro o professor se abstenha rigorosamente de fazer o menor ataque ao respeito devido às leis em vigor, etc.[3]

---

3. Conselho Geral das Manufaturas, da Agricultura e do Comércio (sessão do dia 6 de maio de 1850).

De sorte que, caso exista alguma lei que sancione a escravidão ou o monopólio, a opressão ou a espoliação sob qualquer forma que seja, não devemos nem sequer falar sobre ela; afinal, como poderíamos fazer isso sem abalar o respeito que ela inspira? Mais ainda, será necessário ensinar a moral e a economia política do ponto de vista dessa lei, ou seja, a partir da suposição de que ela seja justa unicamente por ser lei.

Outro efeito dessa deplorável perversão da lei é conferir às paixões e às lutas políticas e, em geral, à política propriamente dita, uma preponderância exagerada.

Eu poderia provar esta proposição de mil maneiras diferentes. Limitar-me-ei, a título de exemplo, a aproximá-la de um assunto que recentemente ocupou todas as mentes: o sufrágio universal.

Por mais que pensem o contrário os adeptos da escola de Rousseau — aquela que se diz *muito avançada*, ao passo que a considero *recuada* em vinte séculos[4] —, o sufrágio *universal* (tomando esta palavra em sua acepção rigorosa) não é um desses dogmas sagrados, a respeito dos quais o simples exame ou mesmo a dúvida seriam crimes.

Podemos opor sérias objeções contra tal conceito.

A princípio, a palavra "universal" esconde um sofisma grosseiro. Há, na França, 36 milhões de habitantes. Para que o direito ao sufrágio fosse universal, seria necessário que ele fosse reconhecido a 36 milhões de

---

4. A referência a Rousseau (Jean-Jacques Rousseau, *Do contrato social*, São Paulo: Edipro, 2018) se deve, sobretudo, ao conceito de vontade geral. Segundo o filósofo iluminista, a soberania de um Estado era constituída pela vontade geral; um substrato comum entre todas as vontades particulares dos indivíduos que formam a sociedade. A ideia de que todo o poder emana do povo é herdeira direta desse conceito. Como se sabe, Rousseau influenciou os ideais democráticos que acompanharam a Revolução Francesa e foi tido como uma grande referência conceitual no tema da democracia direta e participativa; por isso, a referência feita por Bastiat quando faz alusão ao sufrágio universal. Quando o autor acusa essas ideias de estarem recuadas em vinte séculos, ele as está relacionando com a experiência da democracia antiga, principalmente os modelos grego e romano. Contemporaneamente, é difícil encontrar algum teórico político que não defenda a democracia sob a forma da maximização da participação popular. No entanto, esse consenso atual estava longe de ocorrer alguns séculos atrás. De fato, desde o fim da Antiguidade até as revoluções republicanas do final do século XVIII, o conceito de democracia era visto com uma forte carga pejorativa, a ideia do povo no poder — e, portanto, o sufrágio universal — era encarada como desordem e espaço para o tumulto político. É neste contexto que podemos entender as referências do autor tanto a Rousseau como a outros teóricos que serão mencionados ao longo do texto. (N.T.)

eleitores. No sistema mais amplo, não é reconhecido senão a nove milhões. Portanto, três em cada quatro pessoas são excluídas e, o que é ainda pior, o são por esse um quarto. Sobre qual princípio se funda tal exclusão? Sobre o princípio da incapacidade. Sufrágio universal quer dizer: sufrágio universal dos capazes. Restam tais perguntas a serem feitas: quem são os capazes? A idade, o sexo, as condenações judiciais seriam os únicos elementos pelos quais se pode reconhecer a incapacidade?[5]

Se observarmos de perto, perceberemos rapidamente o motivo pelo qual o direito ao sufrágio repousa sobre a presunção da capacidade. A esse respeito o sistema mais abrangente não se diferencia do mais restrito senão pela apreciação dos elementos pelos quais essa capacidade pode ser reconhecida, o que não constitui uma diferença de princípio, mas apenas de grau.

Esse motivo é o fato de que o eleitor não age apenas para si, mas para todo mundo.

Se o direito ao sufrágio nos fosse — como pretendem os republicanos de matiz grega e romana — concedido com a vida, então seria uma atitude iníqua os adultos impedirem as mulheres e as crianças de votar. Por que os impedimos? Porque presumimos que são incapazes. E por que a incapacidade é motivo de exclusão? Porque o eleitor não assume sozinho a responsabilidade por seu voto, porque cada voto envolve e afeta a comunidade inteira, porque a comunidade possui o direito de exigir algumas garantias dos atos dos quais dependem seu bem-estar e sua existência.

Sei o que poderiam responder-me. Sei também o que poderiam objetar. Aqui não é local para esgotar tal controvérsia. O que quero salientar é que essa mesma controvérsia (assim como a maioria das questões políticas) que agita, fascina e perturba os povos perderia quase toda a sua importância se a lei sempre tivesse sido aquilo que deveria ser.

---

[5]. A despeito do discurso iluminista sobre os direitos humanos, é notório como essa suposta universalidade do sujeito de direito era restrita a um grupo específico, sobretudo homens brancos e europeus. De fato, as mulheres só conquistaram seus direitos políticos muito tardiamente, a partir da luta das feministas desde o final do século XIX. No Brasil, por exemplo, o direito ao voto feminino só foi conquistado em 1934. Essa discriminação em relação aos direitos políticos das mulheres se apoiava sobremaneira no discurso sobre uma suposta incapacidade racional do sexo feminino para participar dos debates políticos. É digno de nota que esse tipo de preconceito já era brilhantemente contestado por mulheres intelectuais desde muito tempo antes do movimento sufragista, veja-se, por exemplo, Olympe de Gouges, *Avante, Mulheres!*, São Paulo: Edipro, 2020. (N.T.)

Com efeito, caso a lei se limitasse a impor respeito a todas as pessoas, todas as liberdades, todas as propriedades, caso ela não fosse senão a organização do direito individual de legítima defesa, o obstáculo, o freio, a punição imposta contra todas as opressões, todas as espoliações, seria então crível que brigássemos tanto, entre cidadãos, por conta do sufrágio mais ou menos universal? Seria crível que se poria em questão o maior dos bens, a paz pública? Seria crível que as classes excluídas não esperassem pacificamente pelo seu momento? Seria crível que as classes que têm direito ao voto seriam tão ciumentas em relação a seus privilégios? E não está claro que, sendo o interesse idêntico e comum, uns agiriam, sem grande inconveniente, pelos outros?

Mas vem introduzir-se esse princípio funesto segundo o qual, sob pretexto de organização, de regulamentação, de proteção, de encorajamento, a lei pode *tomar de uns para dar a outros*, apreender a riqueza produzida por todas as classes para aumentar aquela de uma única; tanto a classe dos agricultores, dos manufatureiros, dos negociantes, dos armadores, dos artistas, dos atores... Oh, certamente, nesse caso, não há classe que não queira, e com razão, ela também colocar as mãos sobre a lei; que não reivindique com furor seu direito ao voto e à elegibilidade, que não tumultue a sociedade na tentativa de obter tal direito. Até mesmo os mendicantes e os vagabundos poderão provar que detêm títulos incontestáveis. Dirão: "Nunca compramos vinho, tabaco e sal sem pagar por eles o imposto, e uma parte desse imposto é destinada, legalmente, na forma de bonificações e subvenções, a homens mais ricos do que nós. Outros se servem da lei para fazer subir artificialmente o preço do pão, da carne, do ferro, do tecido. Já que cada um explora a lei para seu próprio benefício, também nós a queremos explorar. Queremos fazer sair dela o direito à assistência, que é a parte de espoliação dos pobres. Para tal, é preciso que sejamos eleitores e legisladores, a fim de que possamos organizar em grande monta a Esmola para nossa classe, assim como organizastes em grande monta a Proteção para a vossa. Não nos dizeis que cuidaríeis de nossa parte, que nos destinaríeis, segundo a proposição do senhor Mimerel,[6] uma quantia de 600 mil francos para nos silenciar e como um osso para roer. Temos

---

6. Pierre Rémy Auguste Mimerel (1786-1871), dono de uma das mais importantes fábricas de algodão do norte da França, foi pioneiro na união de empregadores franceses, tendo

outras pretensões e, em todo caso, queremos estipular para nós mesmos assim como as outras classes estipularam para si mesmas!".

O que podemos responder contra esse argumento? Contanto que possa ser admitido em princípio que a lei pode ser desviada de sua verdadeira missão, que ela pode violar as propriedades no lugar de protegê-las, então cada classe desejará fazer a lei, seja para se defender da espoliação, seja para organizá-la também em benefício próprio. O tema político será sempre prejudicial, dominante, extenuante. Em uma palavra, viveremos brigando na porta do Palácio Legislativo. A batalha em seu interior não será menos acalorada. Para convencer-se disso, nem é necessário assistir ao que se passa dentro das Câmaras na França e na Inglaterra; basta saber como o assunto é colocado.

É necessário provar que essa odiosa perversão da lei é uma causa perpétua de ódio, de discórdia, podendo resultar até na desestruturação social? Focai a atenção nos Estados Unidos. Esse é o país, em todo o mundo, onde a lei melhor se restringe ao seu papel, que é o de garantir a cada indivíduo sua liberdade e sua propriedade. Também é o país, de todo o mundo, onde a ordem social melhor parece repousar em bases estáveis. Entretanto, mesmo nos Estados Unidos há dois problemas, e não mais que dois, que, desde sua origem, colocaram a ordem política diversas vezes em perigo. E quais são esses dois problemas? São a escravidão e os impostos, ou seja, justamente os dois únicos problemas nos quais, contrariamente ao espírito geral dessa república, a lei tomou um caráter espoliador. A escravidão é uma violação aos direitos da pessoa, sancionada por lei. A proteção é uma violação do direito de propriedade, perpetrada por lei. Certamente, chama atenção o fato de que, no meio de tantas outras discussões, esse duplo *flagelo legal* — triste herança do antigo mundo — seja o único que possa conduzir, e conduzirá talvez, à ruptura da União. Isso, pois, com efeito, não se pode imaginar, no seio de uma sociedade, um fato que chame mais atenção do que este: *a lei convertida num instrumento de injustiça*. E se tal fato engendra consequências tão notáveis nos Estados Unidos, onde é apenas uma exceção, o que será então na Europa, onde é um princípio, um sistema?

---

fundado em 1842 uma comissão de industriais. Antirrepublicano e bonapartista, foi deputado (1849-1851) e senador (1852-1870). (N.E.)

O senhor De Montalembert, fazendo referência a uma proclamação famosa do senhor Carlier, dizia: "é preciso guerrear contra o socialismo". E por socialismo acredita-se que, de acordo com a definição do senhor Charles Dupin, ele estivesse se referindo a espoliação.[7] Mas de qual espoliação ele estava falando? Pois existem dois tipos de espoliação. Há a *espoliação extralegal* e a *espoliação legal*.

Quanto à espoliação extralegal, aquela que é chamada de roubo, fraude, aquela que é definida, prevista e punida pelo Código Penal, na verdade não creio que a possamos chamar de socialismo. Essa não é a espoliação que ameaça sistematicamente a sociedade desde suas bases. Além disso, a guerra contra esse tipo de espoliação jamais aguardou o sinal verde dos senhores Montalembert ou Carlier. Tal combate é travado desde o começo do mundo. A França o faz desde muito antes da revolução de fevereiro,[8] desde bem antes da aparição do socialismo, através de todo um aparelhamento de magistratura, polícia, guardas, prisões, cárceres e cadafalsos. É a própria lei que conduz essa guerra, e seria desejável, segundo meu ponto de vista, que a lei mantivesse sempre essa atitude em relação à espoliação.

As coisas, no entanto, não ocorrem dessa forma. Algumas vezes, a lei toma o partido da espoliação. Em certas circunstâncias ela espolia com suas próprias mãos, a fim de poupar o beneficiário da vergonha, do perigo e do escrúpulo. Nessas ocasiões, ela põe todo esse aparelho da magistratura, da polícia, das milícias e das prisões a serviço do espoliador, e trata como criminoso o espoliado, que se defende. Em uma palavra, há a *espoliação legal*, e é dela que certamente fala o senhor De Montalembert.

Na legislação de um povo, essa espoliação pode ser tão somente uma mancha excepcional e, nesse caso, o melhor que pode ser feito — sem esse tanto de reclamações e lamúrias — é apagá-la o mais cedo possível, não obstante o clamor dos interessados. Como reconhecer essa

---

7. Charles Forbes René de Tryon, conde de Montalembert (1810-1870), foi um escritor polêmico e um político pertencente à corrente neocatólica. Pierre Carlier (1799-1858) administrou a polícia de Paris (de 1849 a 1851). Pierre Charles François Dupin (1784-1873) foi um matemático, engenheiro e economista francês. (N.E.)
8. Aqui o autor se refere à Revolução de 1848, que ficaria conhecida como a Primavera dos Povos. (N.T.)

espoliação? É muito simples. Basta examinar se a lei toma de alguns aquilo que lhes pertence para dar a outros aquilo que não lhes pertence. Basta examinar se a lei realiza — em proveito de um cidadão e em detrimento de outros — uma ação que aquele não poderia realizar por conta própria sem com isso cometer um crime. Apressai-vos em abolir essa lei; ela não é apenas uma iniquidade, mas constitui-se numa fonte fecunda de iniquidades, pois conclama represálias e, caso não tomeis cuidado, o fato excepcional estender-se-á, multiplicar-se-á e tornar-se-á sistemático. Sem dúvida, o beneficiário clamará em altos gritos; invocará os *direitos adquiridos*. Dirá que o Estado deve proteção e incentivo a sua indústria, alegará ser bom para o Estado enriquecê-lo, pois, estando rico, ele gastará mais, espalhando, assim, uma chuva de salários sobre os trabalhadores pobres. Estai precavidos de escutar esse sofisma, pois é justamente por meio da sistematização desses argumentos que será sistematizada a *espoliação legal*.

É isso o que aconteceu. O embuste[9] da vez é enriquecer todas as classes às custas umas das outras, é generalizar a espoliação sob pretexto de organizá-la. Ora, a espoliação legal pode ser exercida por uma multiplicidade infinita de maneiras, dessa forma, por uma multiplicidade infinita de planos de organização: tarifas, protecionismo, bonificações, subvenções, incentivos, imposto progressivo, instrução gratuita, direito ao trabalho, direito ao lucro, direito ao salário, direito à assistência, direito aos instrumentos de trabalho, gratuidade do crédito, etc. E é o conjunto de todos esses planos, nisso que possuem em comum com a espoliação legal, que recebe o nome de socialismo.

Ora, uma vez assim definido o socialismo, formando um corpo de doutrina, então, qual guerra desejais fazer contra ele, já que se trata de uma guerra doutrinária? Considerai essa doutrina falsa, absurda, abominável. Refutai-a. Isso será tão mais fácil quanto mais ela for falsa, absurda e abominável. Sobretudo, se desejais ser forte, começai por extirpar de vossa legislação tudo aquilo de socialismo que possa nela introduzir-se; e esse trabalho não é pequeno.

---

9. No original, *chimère*. Literalmente, quimera; o monstro mitológico constituído por partes de diversos animais diferentes. O termo tem a conotação de ilusão, fantasia impossível ou, como escolhemos neste contexto, falsidade, embuste. (N.T.)

Censuraram o senhor De Montalembert por querer mover a força bruta contra o socialismo. Trata-se de uma censura da qual ele deve ser isento, pois afirmou formalmente que, contra o socialismo, é preciso fazer o combate compatível com a lei, a honra e a justiça.

Mas como o senhor De Montalembert não percebe que se coloca em um círculo vicioso? Quereis opor contra o socialismo a lei? Mas, precisamente, o socialismo invoca a lei. Ele não aspira à espoliação extralegal, mas à espoliação legal. É a própria lei, à semelhança de todo tipo de monopólio, que ele quer utilizar como instrumento. Uma vez que tenha para si a lei, como podereis virá-la contra ele? Como podereis fazê-lo sucumbir sob vossos tribunais, polícias e prisões?

Nessa medida, que fazeis? Quereis impedir o socialismo de pôr as mãos na confecção das leis. Quereis mantê-lo do lado de fora do Palácio Legislativo. Pois não o conseguireis, ouso adiantar, enquanto no interior desse palácio legislarem sobre o princípio da espoliação legal. É por demais iníquo, por demais absurdo.

É absolutamente necessário que essa questão da espoliação legal seja esvaziada, e para isso há apenas três soluções possíveis:

Que a minoria espolie a maioria.

Que todos espoliem todos.

Que ninguém espolie ninguém.

Espoliação parcial, espoliação universal, ausência de espoliação, é preciso escolher. A lei pode apenas escolher o resultado de um desses três.

Espoliação *parcial*: é o sistema que prevaleceu enquanto o eleitorado foi parcial, sistema ao qual se voltam para evitar a invasão do socialismo.

Espoliação *universal*: é o sistema que nos ameaçou quando o eleitorado se tornou universal, a massa tendo concebido a ideia de legislar segundo o princípio dos legisladores que a precederam.

Ausência de espoliação: é o princípio de justiça, de paz, de ordem, de estabilidade, de conciliação, de bom senso que hei de proclamar com toda a força — infelizmente, insuficiente — de meus pulmões, até meu último suspiro.

E, sinceramente, pode-se pedir outra coisa da lei? Pode a lei — tendo a força como sanção necessária — ser razoavelmente empregada em outra coisa senão manter cada um em seu direito? Desafio que a façam sair desse círculo sem transviá-la e, consequentemente, sem voltar a força contra o direito. E como é essa a mais funesta, a mais ilógica perturbação social que se possa imaginar, é deveras necessário reconhecer que a verdadeira solução, tão buscada, do problema social está contida nestas simples palavras: A LEI É A JUSTIÇA ORGANIZADA.

Ora, sublinhemos bem: organizar a justiça através da lei, ou seja, pela força, exclui a ideia de organizar pela lei ou pela força uma manifestação, qualquer que seja, da atividade humana — trabalho, caridade, agricultura, comércio, indústria, instrução, belas-artes, religião; pois é impossível que uma dessas organizações secundárias não desfaça a organização essencial. Como imaginar, com efeito, a força empregada sobre a liberdade dos cidadãos sem atentar contra a justiça, sem agir contra seu próprio objetivo?

Neste ponto, eu colido com os preconceitos mais populares de nossa época. Não se deseja apenas que a lei seja justa; quer-se ainda que ela seja filantrópica. Não se contentam que ela garanta a cada cidadão o livre e inofensivo exercício de suas faculdades aplicadas a seu desenvolvimento físico, intelectual e moral; exige-se que ela diretamente propague o bem-estar, a instrução e a moralidade sobre a nação. Esse é o lado sedutor do socialismo.

Porém, repito, essas duas missões da lei se contradizem. É preciso escolher. O cidadão não pode, ao mesmo tempo, ser livre e não o ser. O senhor De Lamartine[10] me escreveu um dia: "Tua doutrina compreende apenas metade de meu programa; limita-te à liberdade, eu trato da fraternidade". Respondi a ele: "A segunda metade de teu programa destruirá a primeira". E, com efeito, considero completamente impossível separar a palavra *fraternidade* da palavra *voluntarista*. Considero completamente impossível conceber a fraternidade *legalmente* forçada sem que com isso a liberdade não seja *legalmente* destruída, e a justiça, *legalmente* pisoteada.

A espoliação legal tem duas raízes: uma, conforme acabamos de ver, está no egoísmo humano; a outra se encontra na falsa filantropia.

Antes de prosseguir, acredito que devo explicar o que entendo da palavra "espoliação".

---

10. Alphonse Marie Louis de Prat de Lamartine (1790-1869) foi um escritor, poeta e político francês. (N.E.)

Eu não a tomo, assim como o fazem frequentemente, numa acepção vaga, indeterminada, aproximativa, metafórica: sirvo-me dela num sentido completamente científico, e como que exprimindo a ideia oposta ao conceito de propriedade. Quando uma porção de riqueza passa daquele que a conquistou, sem seu consentimento e sem compensação, para aquele que não a criou, seja pela força, seja por trapaça, então digo que há violação da propriedade, que há espoliação. Afirmo que é isso, justamente, que a lei deveria reprimir em toda parte e sempre. E se a lei, ela mesma, realiza o ato que deveria reprimir, então afirmo não haver por isso menos espoliação e, ainda, socialmente falando, com circunstância agravante. A única diferença é que, nesse caso, o responsável pela espoliação não é aquele que dela se beneficia, mas, sim, a própria lei, o legislador, a sociedade, e é aí que reside o perigo político.

É lamentável que essa palavra [espoliação] carregue um teor ofensivo. Em vão, procurei por outra, pois em nenhum tempo, e menos ainda hoje, eu não gostaria de lançar no meio de nossas discórdias uma palavra irritante. Além disso, que se creia ou não, declaro que não considero estar acusando as intenções nem a moralidade de quem quer que seja. Ataco uma ideia a qual acredito ser falsa, um sistema que me parece injusto, e de tal forma alheio às intenções que cada um de nós se beneficia dele sem querer, e dele sofre sem saber. É preciso escrever sob a influência de um espírito partidário ou temeroso para colocar em questão a sinceridade do protecionismo, do socialismo e até mesmo do comunismo, que não são senão uma só e mesma planta, em três períodos diversos de seu crescimento. Tudo o que se poderia dizer é que a espoliação é mais visível, em sua parcialidade, no protecionismo,[11] e em sua universalidade, no comunismo; de onde segue-se que, dos três sistemas, o socialismo é ainda o mais vago, o mais indeciso e, consequentemente, o mais sincero.

Como quer que seja, concordar que a espoliação legal tenha uma de suas raízes na falsa filantropia significa colocar, evidentemente, as intenções fora da questão.

---

11. Se na França a proteção fosse concedida apenas a uma classe, por exemplo, aos ferreiros, ela seria tão absurdamente espoliadora que não poderia se manter. Também vemos todas as indústrias protegidas se unirem, engajarem-se em causa comum e até se recrutarem de maneira a parecer abraçarem o conjunto do *trabalho nacional*. Elas sentem, instintivamente, que a espoliação se dissimula quando se generaliza.

Isso entendido, examinemos o que vale, de onde vem e em que resulta essa aspiração popular que pretende realizar o bem geral por meio da espoliação geral.

Os socialistas nos dizem: uma vez que a lei organiza a justiça, então por que ela não deveria organizar o trabalho, a educação, a religião?

Por quê? Porque ela não saberia organizar o trabalho, a educação e a religião sem, com isso, desorganizar a justiça.

Observai, então, que a lei é a força e que, consequentemente, o domínio da lei não poderia ultrapassar, legitimamente, o legítimo domínio da força.

Quando a lei e a força mantêm um homem circunscrito à justiça, estas não lhe impõem nada mais do que uma pura negação; lhe impõem, tão somente, que ele se abstenha de causar danos. Não vão contra sua personalidade, nem contra sua liberdade, nem contra sua propriedade. Apenas salvaguardam a personalidade, a liberdade e a propriedade de outrem. Mantêm-se na defensiva; defendem o direito igual de todos. Completam uma missão da qual a inocuidade é evidente, a utilidade é palpável e a legitimidade, inconteste.

Isso é tão verdadeiro que, no momento que um de meus amigos chamou-me atenção por dizer que *a finalidade da lei é fazer reinar a justiça*, me fez perceber que essa expressão não é rigorosamente exata. Seria preciso dizer: *a finalidade da lei é impedir a injustiça de reinar*. Com efeito, não é a justiça que tem uma existência própria, mas, sim, a injustiça. Aquela resulta da ausência desta.

Quando a lei — por intermédio de seu agente necessário, a força — impõe um modo de trabalho, um método ou um conteúdo de ensino, uma fé ou um culto, não é negativa, mas positivamente que ela age sobre os homens. Ela substitui a vontade do legislador por sua própria vontade, a iniciativa do legislador por sua própria iniciativa. Os legisladores não têm mais o que consultar, comparar, prever; a lei fará tudo isso por eles. A inteligência torna-se para eles um móvel inútil, cessam de ser homens, perdem sua personalidade, sua liberdade e sua propriedade.

Tentai imaginar uma forma de trabalho imposta pela força que não seja um ataque à liberdade, ou uma distribuição de riqueza imposta pela força que não seja um ataque contra a propriedade. Se não o conseguirdes, convenhais, então, que a lei não pode organizar o trabalho e a indústria sem organizar a injustiça.

Quando, do fundo de seu gabinete, um político[12] encaminha o olhar sobre a sociedade, é atingido pelo espetáculo da desigualdade que esta lhe oferece. Geme, então, sobre os sofrimentos que são a sina de um número tão elevado de nossos irmãos, sofrimentos cujo aspecto é tornado ainda mais entristecedor pelo contraste com o luxo e a opulência.

Esse político deveria, talvez, perguntar-se se um tal estado social não tem por causa antigas espoliações, exercidas por via da conquista, e espoliações novas, exercidas por intermédio das leis. Ele deveria se questionar se, sendo inata a aspiração de todos os homens pelo bem-estar e pelo aprimoramento, o reinado da justiça não é suficiente para realizar a maior atividade de progresso e a maior quantidade de igualdade, compatíveis com essa responsabilidade individual que Deus distribuiu como justa retribuição das virtudes e dos vícios.

Ele não imagina isso. Seu pensamento se direciona a combinações, arranjos, organizações legais ou artificiais. Procura o remédio na perpetuação e no exacerbamento daquilo que produziu o mal.

Pois, fora da justiça que, como vimos, é tão somente uma verdadeira negação, há algum desses arranjos legais que não contenha a espoliação?

Dizeis "eis homens desprovidos de riquezas" — então, dirigis-vos à lei. Entretanto, a lei não é um úbere que se preenche sozinho, ou do qual as veias lácteas vão tirar de outro lugar que não a sociedade. Nada entra no tesouro público, em favor de um cidadão ou de uma classe, além daquilo que os outros cidadãos e as outras classes tenham sido *forçados* a nele depositar. Se cada um não retirar do tesouro público senão o equivalente àquilo que ele mesmo colocou, então, é verdade, vossa lei não é espoliadora, mas ela não faz nada por esses homens que *carecem de riqueza*, não faz nada pela igualdade. A lei não pode ser um instrumento de equalização, a menos que tome de uns para dar a outros, e então ela é um instrumento de espoliação. Examinai, nesse ponto de vista, o protecionismo das tarifas, os subsídios, o direito ao lucro, o direito ao trabalho, o direito à assistência, o direito à educação, o imposto progressivo, a gratuidade do

---

12. No original, *publiciste*. Esse termo poderia ser literalmente traduzido para o correspondente direto em português, publicista. Entretanto, o autor o utiliza no texto com diversas conotações para apontar, sempre, um tipo de político ou um pensador da teoria política que pretenda administrar a sociedade. Por essa razão, preferimos adotar uma tradução circunstancial do termo para político, teórico ou escritor. (N.T.)

crédito, a Oficina Nacional,[13] no fundo sempre encontrareis a espoliação legal, a injustiça organizada.

Dizeis "eis os homens que carecem de ilustração" —, então, dirigis-vos à lei. Mas a lei não é uma tocha que dissemina a distância uma claridade que lhe seja própria. Ela paira sobre uma sociedade na qual há homens que têm conhecimento e outros que não o têm, cidadãos que têm a necessidade de aprender e outros que estão dispostos a ensinar. A lei só pode fazer, entre estas duas coisas, uma: ou deixar operar-se livremente esse tipo de transação, deixar que se satisfaça livremente esse tipo de necessidade; ou então forçar as vontades e tomar de alguns para que paguem professores encarregados de ensinar a outros gratuitamente. Mas então, neste segundo caso, ela não pode fazer com que não haja um ataque contra a liberdade e a propriedade, espoliação legal.

Dizeis "eis os homens que carecem de moralidade ou de religião" —, então, dirigis-vos à lei. Mas a lei é a força; sendo assim, teria eu a necessidade de dizer quanto se trata de uma empreitada violenta e louca fazer intervir a força nesses assuntos?

Ao fim de seus sistemas e esforços, parece que o socialismo — qualquer que seja a complacência que tenha por si mesmo — não pode impedir que se perceba o monstro da espoliação legal. Mas o que ele faz? Disfarça-a habilmente a todos os olhos, inclusive aos seus próprios, sob os nomes sedutores de fraternidade, solidariedade, organização, associação. E porque nós não exigimos tanto assim da lei, porque não exigimos dela senão a justiça, o socialismo supõe que repudiamos a fraternidade, a solidariedade, a organização, a associação, e atira-nos à face o epíteto de *individualistas*.

> Que o socialismo saiba, pois, que o que repudiamos não é a organização natural, mas a organização forçada.
> Não é a associação livre, mas as formas de associação que ele pretende nos impor.

---

13. As Oficinas Nacionais foram uma política de trabalho sugerida pelo socialista francês Louis Blanc (1811-1882). Era uma tentativa de fornecer trabalho aos pobres por meio da criação de associações profissionais financiadas pelo Estado. (N.T.)

Não é a fraternidade espontânea, mas a fraternidade legal.

Não é a solidariedade providencial, mas a solidariedade artificial, que é apenas um deslocamento injusto de responsabilidade.

O socialismo, assim como a velha política da qual ele emana, confunde o governo e a sociedade. Isso porque, a cada vez que não desejamos que uma coisa seja feita pelo governo, então, ele conclui que não desejamos que tal coisa seja feita em absoluto. Repudiamos a educação feita pelo Estado; então, não queremos educação. Repudiamos uma religião de Estado; então, não queremos nenhuma religião. Repudiamos a igualdade pelo Estado; então, não queremos igualdade, etc. É como se o socialismo nos acusasse de não querer que os homens comam porque repudiamos o cultivo do trigo pelo Estado.

Como pôde prevalecer, no mundo político, a ideia bizarra de fazer decorrer da lei aquilo que não lhe compete; o bem em modo positivo, a riqueza, a ciência, a religião?

Os políticos modernos, particularmente aqueles da escola socialista, fundam suas diversas teorias sobre uma hipótese comum e, seguramente, a mais estranha e orgulhosa que possa surgir em um cérebro humano.

Eles dividem a humanidade em duas partes. A universalidade dos homens menos um forma a primeira; o político, tão somente ele, forma a segunda, que é, de longe, a parte mais importante.

Com efeito, começam por supor que os homens não portam, em si mesmos, nem um princípio de ação, nem um meio de discernimento. Supõem que são desprovidos de iniciativa, que se constituem de matéria inerte, moléculas passivas, átomos sem espontaneidade, no máximo uma vegetação indiferente a seu próprio modo de existência, suscetível de receber de uma vontade e mão exteriores um número infindo de formas mais ou menos simétricas, artísticas, aperfeiçoadas.

Em seguida, cada um deles supõe gratamente que — sob o nome de organizador, desenvolvedor, legislador, professor, fundador — ele próprio é essa vontade e essa mão, esse motor universal, essa potência criadora cuja sublime missão é reunir em sociedade esses materiais esparsos que são os homens.

Partindo disso, assim como cada jardineiro, segundo seu capricho, poda suas árvores na forma de pirâmides, sombrinhas, cubos, cones, vasos, espaldeiras,[14] bastões, leques, cada socialista, seguindo sua fantasia, poda a pobre humanidade em grupos, séries, centros, subcentros, alvéolos, oficinas nacionais, harmônicos, contrastados, etc.

E da mesma forma que o jardineiro, para operar a poda das árvores, precisa de machados, serras, podadeiras e tesouras, o político, para modelar a sociedade, necessita de forças que não pode encontrar senão nas leis — na lei alfandegária, na lei de imposto, na lei de assistência, na lei educacional.

É tão factual que os socialistas consideram a humanidade matéria de combinações sociais que, se por acaso não estiverem tão certos do sucesso dessas combinações, reclamarão ao menos uma parcela da humanidade como *material de experiências*. Sabe-se como é popular entre eles a ideia de *experimentar todos os sistemas*, e viu-se um de seus mestres vir exigir seriamente da assembleia constituinte um distrito municipal com todos os seus habitantes para fazer seu experimento.

É dessa forma que todo inventor constrói sua máquina em miniatura antes de fazê-la em tamanho maior. É assim que o químico sacrifica alguns reagentes, que o agricultor sacrifica algumas sementes e um canto de seu terreno para testar alguma ideia.

Mas que distância incomensurável existe entre o jardineiro e suas árvores, entre o inventor e sua máquina, entre o químico e seus reagentes, entre o agricultor e suas sementes!... O socialista crê, de boa-fé, que a mesma distância o separa da humanidade.

Não é necessário espantar-se com o fato de que os teóricos do século XIX consideram a sociedade uma criação artificial saída do gênio do legislador.

Essa ideia, fruto da educação clássica, dominou todos os pensadores, todos os grandes escritores de nosso país.

Todos viram entre a humanidade e o legislador as mesmas relações existentes entre a argila e o oleiro.

Mais ainda, os teóricos consentiram em reconhecer, no coração do homem, um princípio de ação e, em sua inteligência, um princípio de discernimento, pensaram que Deus fizera disso um dom funesto e que

---

14. No original, *espalier*. Trata-se de técnica de jardinagem que consiste em modelar o crescimento das plantas dispostas em um muro. (N.T.)

a humanidade, sob influência desses dois motores, pendia fatalmente à degeneração. Realmente propuseram que a humanidade, abandonada às suas inclinações naturais, ocupar-se-ia da religião unicamente para lograr o ateísmo, da educação para chegar à ignorância, do trabalho e das trocas apenas para sucumbir na miséria.

Felizmente, segundo esses mesmos escritores, existem alguns homens, chamados de governantes, legisladores, que receberam dos céus — não apenas para si, mas também em benefício de todos os outros — inclinações opostas a essas anteriormente descritas.

Enquanto a humanidade tende ao mal, eles se inclinam ao bem. Enquanto a humanidade caminha rumo às trevas, eles anseiam pela luz. Enquanto a humanidade se encaminha ao vício, eles são atraídos pela virtude. E, isto posto, eles reivindicam a força, a fim de que ela substitua, com suas próprias tendências, as tendências do gênero humano.

Basta abrir, mais ou menos ao acaso, um livro de filosofia, de política ou de história para constatar quanto essa ideia está fortemente enraizada em nosso país. Ideia essa que é filha dos estudos clássicos e mãe do socialismo, segundo a qual a humanidade é uma matéria inerte que recebe do poder a vida, a organização, a moralidade e a riqueza; ou então — o que é ainda pior — que, deixada por sua própria conta, a humanidade tende à desagregação e só é detida nessa ladeira pela mão misteriosa do legislador. Por toda parte, o convencionalismo clássico nos mostra, por detrás da sociedade passiva, uma potência oculta que, sob os nomes de lei, legislador ou sob essa expressão mais cômoda e vaga de "eles" (numa forma indeterminada), move a humanidade, a anima, a enriquece e a moraliza.

Bossuet afirma o seguinte:

> Uma dessas coisas que eles (quem?) imprimiam com toda a força no coração dos egípcios era o amor pela pátria (...). Não era permitido ser inútil ao Estado; a lei designava a cada um seu emprego, que se perpetuava de pai para filho. Não se podia nem ter duas, e nem trocar de profissão (...). Mas havia uma ocupação que devia ser comum, tratava-se do estudo das leis e da sabedoria. A ignorância da religião e da política do país não era perdoada em nenhuma hipótese. De resto, cada profissão tinha seu próprio distrito que lhe era designado (por quem?) (...). Entre boas leis, o que havia de melhor é que todo mundo era alimentado (por quem?) no espírito de sua observância

(...). Seus Hermes[15] encheram o Egito de invenções maravilhosas, e por meio deles o país praticamente não ignorara nada do que podia tornar a vida cômoda e tranquila.

Assim, segundo Bossuet, os homens não tiram nada de si próprios; patriotismo, riqueza, atividade, sabedoria, invenções, lavoura, ciências, tudo lhes advém por meio de operações das leis ou dos reis. Resta-lhes, tão somente, *deixar-se ser*. É neste ponto que Diodoro,[16] tendo acusado os egípcios de rejeitar a luta e a música, foi repreendido por Bossuet. Como isso é possível, diz ele, já que essas artes foram inventadas por Trismegisto? Igualmente entre os persas:

> Uma das primeiras preocupações do príncipe era fazer florescer a agricultura (...). Assim como havia encargos estabelecidos para a conduta dos exércitos, também o havia para os trabalhos rústicos (...). O respeito que "eles" (os organizadores e legisladores) inspiravam nos persas pela autoridade real chegava quase ao excesso.

Os gregos, mesmo que cheios de sabedoria, não eram menos alheios a seus próprios destinos, nesta matéria, por sua própria conta não teriam sido educados diferentemente de cães e cavalos, à altura dos jogos mais simples. Classicamente, é um consenso que tudo vem de fora para os povos.

Os gregos, naturalmente plenos de inteligência e coragem, haviam sido educados desde cedo por reis e colonos vindos do Egito. Foi daí que eles aprenderam exercícios físicos, a corrida a pé, a cavalo e sobre bigas (...). O que os egípcios lhes ensinaram de melhor foi tornar-se dóceis, permitir-se formar pelas leis em nome do bem público.

---

15. No original: *mercures* (Mercúrios). Provavelmente, ao se referir aos sábios egípcios, o autor alude, aqui, a Hermes Trismegisto. Essa figura, mencionada em textos gregos e árabes antigos, teria sido um sábio do antigo Egito associado ao deus Toth (que os gregos associaram ao seu Hermes). De acordo com tradições místicas, Hermes Trismegisto seria o precursor da alquimia e da filosofia. No texto de Bossuet, a alusão é feita ao nome latinizado de Hermes, Mercúrio. No parágrafo seguinte, Bastiat cita nominalmente Trismegisto. (N.T.)
16. Diodoro da Sicília (*ca.* 90 a.C.-*ca.* 30 a.C.), historiador grego. (N.E.)

Fénelon:[17] nutrido no estudo e na admiração pela Antiguidade, testemunha do poder de Luís XIV, Fénelon tampouco poderia escapar dessa ideia de que a humanidade é passiva e seus infortúnios, bem como sua prosperidade, e suas virtudes, bem como seus vícios, vinham-lhe de uma ação exterior exercida sobre ela pela lei ou por aquele que a faz. Dessa forma, em sua utópica Salente,[18] o autor coloca os homens junto a seus interesses, suas faculdades, seus desejos e bens submetidos à discricionariedade absoluta do legislador. Em qualquer assunto que seja, nunca são os homens que ponderam por si próprios, mas sim o príncipe. A nação não é mais do que uma matéria informe, da qual o príncipe é a alma. É nesse último que residem o pensamento, a providência, o princípio de toda organização, de todo progresso e, consequentemente, a responsabilidade.

Para comprovar essa afirmação, ser-me-ia necessário transcrever aqui todo o décimo livro de Telêmaco. Delego isso ao leitor; contento-me em citar algumas passagens tomadas ao acaso deste célebre poema ao qual, em qualquer outro aspecto, sou o primeiro a fazer justiça.

Com esta credulidade surpreendente que caracteriza os clássicos, Fénelon admite, malgrado a autoridade da razão e dos fatos, a felicidade generalizada dos egípcios a qual ele atribui, não à sabedoria do próprio povo, mas àquela de seus reis.

> Não podíamos voltar o olhar sobre duas margens do rio sem notar cidades opulentas, casas de campo agradavelmente situadas, terras cobertas todos os anos por uma colheita dourada, que não cessava jamais. Havia, também, pastos cobertos por rebanhos, lavradores oprimidos pelo peso dos frutos que a terra derramava de seu seio, pastores que faziam ecoar o doce som de suas flautas e clarinetas[19] por todos os arredores. *Feliz*, dizia Mentor, *o povo que é conduzido por um rei sábio.*
>
> (...)
>
> Em seguida, Mentor me fazia notar a alegria e abundância espalhadas por todo o interior do Egito, onde contavam-se até 22 mil cidades; a justiça

---

17. François Fénelon (1651-1715), teólogo, poeta e escritor francês. (N.T.)
18. Salente é uma cidade ficcional do romance *As aventuras de Telêmaco*, que Fénelon publicou em 1699 e no qual faz uma releitura da *Odisseia* de Homero. (N.E.)
19. No original, *chalumeaux*. Trata-se de um instrumento de sopro barroco, precursor das atuais clarinetas. (N.T.)

exercida em favor do pobre e contra o rico; a boa educação das crianças que eram habituadas à obediência, ao trabalho, à sobriedade e ao amor pelas artes e letras; o rigor em relação a todas as cerimônias religiosas, a abnegação, o desejo pela honra, a fidelidade aos homens e o temor aos deuses que cada pai inspirava em seus filhos. Ele não se cansava de admirar esse belo ordenamento. *Feliz*, dizia-me, *o povo que um rei sábio conduz de tal forma*.

Acerca de Creta, Fénelon constrói um idílio ainda mais sedutor. Em seguida acrescenta na boca de Mentor:

> Tudo o que vedes nesta ilha maravilhosa é fruto das leis de Minos.[20] A educação que ele instituíra às crianças tornava o corpo são e robusto. Em Creta, "eles" (os legisladores e governantes) as acostumam desde cedo a uma vida simples, austera e laboriosa. "Eles" supõem que toda volúpia amolece corpo e mente. "Eles" lhes propõem tão somente o prazer de tornar-se invencível pela virtude e por adquirir grande glória (...). Aqui, "eles" punem três vícios que são perdoáveis entre outros povos, a ingratidão, a dissimulação e a avareza. Por conta de pompa e lassidão, "eles" nunca precisam reprimir esse povo, pois tais vícios são desconhecidos em Creta (...). "Eles" aqui não padecem nem de mobiliários preciosos, nem de vestes magníficas, nem de banquetes deliciosos, nem de palácios de ouro.

É assim que Mentor prepara seu aluno para triturar e manipular — do ponto de vista mais filantrópico, sem dúvida — o povo de Ítaca e, para mais segurança, dá-lhe de exemplo Salente.

Eis como nós recebemos nossas primeiras noções de política. Ensinam-nos a tratar os homens da mesma forma que Olivier de Serres[21] ensina aos agricultores a tratar e combinar as terras.

Cito Montesquieu:

> Para manter o espírito do comércio, é preciso que todas as leis o favoreçam; que essas próprias leis, por meio de suas disposições, dividindo as

---

20. O rei Minos foi um lendário governante da ilha de Creta, filho de Zeus e da princesa fenícia Europa. Ele teria ordenado a construção do famoso labirinto que aprisionou o Minotauro. Mas sua celebridade se deve, sobretudo, ao fato de ele ter sido um grande legislador. (N.T.)
21. Olivier de Serres (1539-1619) é considerado o pai da agronomia francesa. (N.T.)

riquezas à medida que o comércio as aumenta, ponham cada cidadão pobre numa suficiente situação de comodidade para que trabalhe na mesma condição que os outros, e cada cidadão rico numa tal mediocridade a ponto de precisar trabalhar para conservar ou adquirir mais fortuna...

Dessa forma, as leis dispõem de todas as fortunas.

Ainda que, na democracia, a igualdade concreta seja a alma do Estado, ela é tão difícil de estabelecer que uma exatidão extrema nesse sentido não conviria sempre. Basta que "elas" (as leis) estabeleçam um censo que reduza ou fixe as diferenças em um certo limite. Depois disso, cabe a leis particulares equalizar, por assim dizer, as desigualdades, por meio de taxas que imponham aos ricos e de alívios que concedam aos pobres.

Eis novamente a equalização das riquezas por meio da lei, por meio da força.

Havia na Grécia dois tipos de república. Umas eram militares, como a Lacedemônia.[22] Outras eram mercantis, como Atenas. Em umas "eles" queriam que os cidadãos fossem ociosos; nas outras "eles" queriam inspirar o amor pelo trabalho.

(...)

Rogo para que se preste um pouco de atenção à extensão do gênio que era necessário a esses legisladores para ver que, indo contra os costumes adquiridos e confundindo todas as virtudes, eles mostrariam ao universo sua sabedoria. Licurgo,[23] misturando o pequeno furto com o senso de justiça, a mais dura escravidão com a extrema liberdade, os sentimentos mais atrozes com a maior moderação, conferiu, assim, estabilidade a sua cidade. Ele pareceu privá-la de todos os recursos, artes, comércio, dinheiro, muralhas: então lá havia ambição sem esperança de ser melhor, havia sentimentos naturais, sem que ninguém fosse nem filho, nem marido, nem pai; o próprio pudor é removido da castidade. *Foi por esse caminho que Esparta foi conduzida à grandeza e à glória...*

(...)

---

22. Outro nome para a cidade grega de Esparta. (N.T.)
23. Licurgo de Esparta (800 a.C.-730 a.C.), lendário legislador espartano. (N.E.)

É extraordinário que o que se via nas instituições da Grécia vimos *na decadência e na corrupção dos tempos modernos*. Um legislador, homem honesto, formou um povo ao qual a probidade parece tão natural quanto a bravura entre os espartanos. O senhor Penn[24] é um verdadeiro Licurgo, e ainda que o primeiro tenha tido a paz como objeto e o segundo tenha tido a guerra, ambos se assemelham do ponto de vista em que constituíram *seu povo*, na ascendência que tinham sobre os homens livres, nos preconceitos que venceram, nas paixões que subjugaram.

(...)

O Paraguai pode oferecer-nos um outro exemplo. Quis-se transformar a *sociedade* num crime, que olha o prazer de comandar como o único bem da vida. Mas sempre será belo governar os homens, tornando-os mais felizes...

(...)

Aqueles que quiserem constituir instituições semelhantes estabelecerão a comunidade dos bens da República de Platão,[25] o respeito que ele exigia em relação aos deuses, a separação dos estrangeiros para a conservação dos costumes, e o comércio sendo feito pela cidade, e não pelos cidadãos. Darão nossas artes sem nosso luxo e nossas necessidades sem nossos desejos.

O entusiasta vulgar exclamará com prazer: trata-se de Montesquieu, portanto é magnífico! É sublime! Já eu assumirei corajosamente minha opinião e direi: Como? É um disparate achar isso belo!

Mas é hediondo, abominável! E esses extratos citados, que eu poderia multiplicar, mostram que, no pensamento de Montesquieu, as personalidades, as liberdades, as propriedades, a humanidade inteira não são mais que matérias próprias ao exercício da sagacidade do legislador.

---

24. William Penn (1644-1718) foi o fundador da província da Pensilvânia, colônia do Reino Unido que se tornaria o estado americano de mesmo nome. Os princípios democráticos nela implementados por Penn inspiraram a Constituição dos Estados Unidos. (N.E.)

25. Em seu famoso livro *A República* (São Paulo: Edipro, 2019), Platão se propõe a descrever o que seria uma cidade perfeita em termos de organização política e social, a fim de instituir a justiça. O filósofo não esconde sua admiração pelo modelo espartano de Estado e descreve sua república ideal como um local onde os cidadãos são organizados num rigoroso sistema racional que visa a funcionalidade da cidade. Além disso, assim como Montesquieu (nas palavras de Bastiat) menciona, nessa cidade perfeita não há propriedade privada, assim a vida de todos é dedicada ao bem comum. (N.T.)

Quanto a Rousseau: mesmo que esse pensador político, autoridade suprema dos democratas, faça o edifício social se assentar sobre a *vontade geral*, ninguém admitiu, tão completamente como ele, a hipótese da total passividade do gênero humano na presença do legislador.

Se é verdadeiro que um grande príncipe é um homem raro, o que dizer então de um grande legislador? Ao primeiro, cabe apenas seguir o modelo que o segundo propuser. Esse último é o mecânico que inventa a máquina, aquele não é senão o operário que a monta e faz funcionar.

E o que são os homens nesse exemplo? A máquina que é montada e posta em funcionamento ou, mais precisamente, a matéria bruta da qual a máquina é feita!

Assim, entre o legislador e o príncipe, entre o príncipe e os súditos, há as mesmas relações que existem entre o agrônomo e o agricultor, o agricultor e a terra. Então, a que altura acima da humanidade estaria colocado o pensador político, que rege os próprios legisladores e lhes ensina seu ofício nesses termos imperativos?

Desejais conferir consistência ao Estado? Aproximai os graus extremos o tanto que for possível. Não padeçais pela existência nem dos opulentos nem dos miseráveis.

(...)

O solo é ingrato ou estéril, ou o país é demasiadamente apertado para os habitantes? Então *voltai-vos* para o ramo da indústria e das artes, dos quais comercializareis as produções pelas mercadorias de que necessitais (...). Em um bom terreno, *faltam-vos* habitantes? Voltai todas as vossas preocupações para a agricultura, que multiplica os homens, e *bani* as artes, que apenas resultarão no despovoamento do país (...). Vós ocupais costas extensas e cômodas? *Cobri o mar de navios* e tereis uma existência brilhante e curta. O mar em vossas costas banha apenas rochedos inacessíveis? Então, *permanecei bárbaros* e ictiófagos, vivereis mais tranquilos, talvez melhor e, certamente, mais felizes. Em suma, para além das máximas comuns a todos, cada povo contém em si alguma causa que lhe ordena de maneira determinada e torna sua legislação apropriada apenas para si. Foi assim que antigamente os hebreus e, recentemente, os árabes tiveram por principal objeto a religião; os atenienses, as letras; Cartago e Tiro, o comércio; Rodes, a marinha; Esparta, a guerra; e Roma, a virtude. O autor de *Do espírito das leis*[26] mostrou por meio de qual arte *o legislador dirige a instituição rumo a cada um desses objetos* (...). Mas, se o legislador, confundindo-se em relação a seu objeto, adota um princípio diferente daquele que nasce da natureza das coisas — o princípio pelo qual um se inclina à servidão enquanto outro à liberdade, um às riquezas, outro ao aumento da população, um à paz, outro às conquistas —, então ver-se-á as leis se enfraquecendo insensivelmente, a constituição se alterar, e o Estado será tumultuado incessantemente até que seja destruído ou alterado e que a invencível natureza tenha retomado seu império.

Porém, se a natureza é invencível o bastante para *retomar* seu império, então, por que Rousseau não admite que ela prescindiria do legislador para *tomar* esse império desde a origem? Por que ele não admite que, obedecendo a própria iniciativa, os homens *se voltarão* por conta própria para o comércio sobre orlas extensas e cômodas, sem que um Licurgo, um Sólon, um Rousseau se intrometam ao risco de *equivocar-se*?

Seja como for, compreendemos a terrível responsabilidade que Rousseau coloca sobre inventores, instituidores, condutores, legisladores e manipuladores de sociedades. Ele também é, a respeito deles, deveras exigente.

> Aquele que ousar na empreitada de instituir um povo deve sentir-se na condição de mudar, por assim dizer, a natureza humana, transformar cada indivíduo — que, por si próprio, é um todo perfeito e solitário — numa parte de um todo maior do qual esse indivíduo receba, no todo ou em parte, sua vida e seu ser. Deve sentir-se capaz de alterar a constituição do homem para reforçá-la, de substituir com uma existência parcial e moral a existência física e independente que todos recebemos da natureza. É preciso, em suma, que ele tire do homem suas próprias forças para conferir outras que lhe sejam estrangeiras.

Pobre espécie humana, o que os adeptos de Rousseau fariam de sua dignidade?

Por sua vez, Raynal:

---

26. Ver Montesquieu, *Do espírito das leis*, São Paulo: Edipro, 2004. (N.E.)

O clima, ou seja, o céu e o solo, é a primeira norma do legislador. Os recursos ditam seus deveres. Antes de tudo, é *sua* posição local que o legislador deve consultar. Uma população lançada sobre costas marítimas terá leis relativas à navegação (...). Se uma colônia estiver situada no interior, um legislador deve prever os tipos de solo e seus graus de fecundidade (...).

(...)

É, sobretudo, na distribuição da propriedade que brilhará a sabedoria da legislação. Em geral, e em todos os países do mundo, quando se funda uma colônia, é preciso dar terras para todos os homens, quer dizer, a cada um uma extensão suficiente para manter uma família (...).

(...)

Numa ilha selvagem que "eles" *povoarem* com crianças, "eles" precisariam somente deixar eclodir os germes da verdade no desenvolvimento da razão (...). Mas, quando "eles" estabelecem um povo já velho num país novo, a habilidade consiste em *deixar-lhe* tão somente as opiniões e hábitos nocivos os quais não podem ser curados nem corrigidos. Se quiserem impedir que tais hábitos sejam transmitidos, "eles" tomarão conta da segunda geração, por meio de uma educação comum e pública das crianças. Um príncipe, um legislador, não deveria jamais fundar uma colônia sem antes enviar para o local homens sábios para a instrução dos jovens (...). Em uma colônia nascente, todas as facilidades estão abertas às preocupações do legislador que deseja *depurar o sangue e os costumes de um povo*. Tendo ele o gênio e a virtude, as terras e os homens que tiver *em suas mãos* inspirarão em sua alma um plano de sociedade, que um escritor não pode nunca traçar mais do que de uma maneira vaga e sujeita à instabilidade das hipóteses, que variam e se complicam com uma infinidade de circunstâncias demasiado difíceis de prever e combinar (...).

Não parece, aqui, que escutamos um professor de agricultura a dizer a seus alunos "O clima é a primeira regra do agricultor, seus recursos ditam seus deveres. É, antes de tudo, *sua* posição local que ele deve consultar. Estando num solo argiloso, ele deve comportar-se de tal maneira. Se se encontra na areia, eis como deve se portar. Todas as possibilidades estão abertas ao agricultor que deseja desobstruir e melhorar seu solo. Tendo ele a habilidade, as terras e os adubos *em suas mãos*, inspirar-lhe-ão um plano de aproveitamento, que um professor não pode jamais traçar mais do que de uma maneira vaga e sujeita à instabilidade das hipóteses, que variam e se complicam com uma infinidade de circunstâncias demasiado difíceis de prever e combinar..."?

Mas, ó sublimes escritores, lembrai-vos então, por favor, de que essa argila, essa areia, esse esterco de que dispondes tão arbitrariamente são homens, vossos iguais, seres inteligentes e livres como vós, que receberam de Deus, assim como vós, a faculdade de ver, prever, pensar e julgar por si mesmos!

Mably (ele supõe as leis desgastadas pela ferrugem do tempo, a negligência da segurança, e prossegue assim):

> Nessas circunstâncias, é preciso estar convencido de que as molas do governo se afrouxaram. *Dai* a elas uma nova tensão [é ao leitor que Mably se dirige] e o mal será curado (...). Preocupai-vos menos em punir as faltas do que em encorajar as virtudes *de que tendes necessidade*. Por meio desse método, conferireis a *vossa república* o vigor da juventude. É por não terem conhecido povos livres que eles perderam a liberdade! Mas, se o progresso do mal for de tal sorte que os magistrados comuns não possam remediá-lo eficazmente, *recorrei* a uma magistratura extraordinária cujo tempo seja curto e o poder, considerável. A imaginação dos cidadãos tem, então, a necessidade de ser golpeada (...).

E nesse estilo o autor prossegue ao longo de vinte volumes.

Houve uma época na qual, sob a influência de tais ensinamentos — que são a base da educação clássica —, todos queriam colocar-se acima da humanidade para ajustá-la, organizá-la e instituí-la a sua própria maneira.

Diz Condillac:

> Ergue-te, meu senhor, como um Licurgo ou um Sólon. Antes de prosseguir na leitura deste escrito, entretém-te na confecção de leis para algum povo selvagem da América ou da África. Estabelece em moradas fixas esses homens errantes. Ensina-os a alimentar rebanhos (...). Trabalha no desenvolvimento das qualidades sociais que a natureza pôs neles (...). Ordena-os a começar a praticar os deveres da humanidade (...). Envenena com castigos os prazeres que as paixões prometem. Então verás esses bárbaros

— em cada artigo de tua legislação — perderem um vício e adquirirem uma virtude.
(...)
Todos os povos tiveram leis. Mas poucos deles foram felizes. Qual é a causa disso? É o fato de os legisladores quase sempre terem ignorado que o escopo da sociedade é unir as famílias através de um interesse comum.
(...)
A imparcialidade das leis consiste em duas coisas: estabelecer a igualdade na fortuna e na dignidade dos cidadãos (...). À medida que vossas leis estabelecerem maior igualdade, elas se tornarão mais caras para cada cidadão (...). Como a avareza, a ambição, a concupiscência, a indolência, a inveja, o ódio, o ciúme comoveriam homens iguais em fortuna e dignidade e cujas leis não deixassem esperança de romper a igualdade?
(Segue o idílio).
(...)
Aquilo que vos disseram acerca da República de Esparta deve dar-vos grandes esclarecimentos sobre essa questão. Nenhum outro Estado jamais teve leis tão conformes à ordem da natureza e da igualdade.

Não é surpreendente que os séculos XVII e XVIII tenham considerado o gênero humano uma matéria inerte paciente, recebendo tudo, forma, figura, impulsão, movimento e vida, de um grande príncipe, de um grande legislador, de um grande gênio. Esses séculos foram nutridos pelo estudo da Antiguidade, e a Antiguidade nos oferece por toda parte, no Egito, na Pérsia, na Grécia, em Roma, o espetáculo de alguns homens manipulando a seu grado a humanidade escravizada pela força ou pelo embuste. O que isso prova? Que, por serem o homem e a sociedade perfectíveis, então o erro, a ignorância, o despotismo, a escravidão e a superstição devem acumular-se mais ainda no começo dos tempos. O erro dos autores que citei não é ter constatado o fato, mas tê-lo proposto, como regra, à admiração e à imitação das raças futuras. Seu erro é ter — com uma inconcebível ausência de crítica, e na fé de um *convencionalismo* pueril — admitido o que é inadmissível, a saber: a grandeza, a dignidade, a moralidade e o bem-estar dessas sociedades fictícias do mundo antigo; não ter compreendido que o tempo produz e propaga a luz e que, à medida que a luz se faz, a força passa para o lado do Direito e a sociedade recupera a posse de si mesma.

Com efeito, qual é o trabalho político que estamos testemunhando? Não é outro senão o esforço instintivo de todos os povos rumo à liberdade.[27] E o que é a liberdade — essa palavra cuja potência faz bater todos os corações e agita o mundo — senão o conjunto de todas as liberdades: liberdade de consciência, liberdade de ensino, de associação, de imprensa, de locomoção, de trabalho, de comércio; em outras palavras, o franco exercício, para todos, de todas as faculdades inofensivas. Ainda em outras palavras, a destruição de todos os despotismos, mesmo o despotismo legal, e a redução da lei a sua única atribuição racional, que é regularizar o direito individual de legítima defesa ou reprimir a injustiça.

É preciso convir que essa inclinação do gênero humano é enormemente contrariada, particularmente em nosso país, pela funesta disposição — fruto do ensinamento clássico — comum a todos os teóricos políticos, de colocar-se de fora da humanidade para ajustá-la, organizá--la e instituí-la a sua própria maneira.

Pois, enquanto a sociedade concorre para alcançar a liberdade, os grandes homens que se colocam em sua cabeça, imbuídos de princípios dos séculos XVII e XVIII, só pensam em dobrá-la sob o despotismo filantrópico de suas invenções sociais e fazer com que ela carregue docemente — segundo a expressão de Rousseau — o jugo da felicidade pública, tal como imaginaram.

---

27. Para que um povo seja feliz, é indispensável que os indivíduos que o compõem possuam previdência, prudência e a confiança mútua que nasce da segurança. Ora, o povo só pode adquirir essas coisas por meio da experiência. Ele se torna previdente uma vez que sofreu por não ter previsto algo; e se torna prudente quando sua temeridade sempre foi punida, etc. Disso resulta que a liberdade sempre começa sendo acompanhada por males que seguem do uso imprudente que dela fazemos. Diante desse espetáculo, alguns homens se levantam exigindo que a liberdade seja proscrita. "Que o Estado — dizem eles — seja previdente e prudente por todo mundo." Sobre isso, coloco estas questões:
   1. Isso é possível? É possível surgir um Estado experiente de uma nação inexperiente?
   2. Em qualquer caso, não seria sufocar a experiência em seu germe?
   3. Se o poder impõe os atos individuais, como o indivíduo aprenderá com as consequências de seus atos? Ele estará perpetuamente tutelado?
   Além disso, tendo o Estado tudo ordenado, ele também será responsável por tudo. Há aí um foco de revoluções e mais revoluções sem resultado, pois serão feitas por um povo a quem, ao interditarem a experiência, interditaram o progresso (pensamento retirado dos manuscritos do autor).

Vimos bem isso em 1789. Mal fora destruído o Antigo Regime, já se ocuparam de submeter a sociedade nova a outros arranjos artificiais, sempre partindo deste ponto de vista: a onipotência da lei.

Saint-Just: "O legislador comanda o porvir. Cabe a ele *querer o bem*. Cabe a ele tornar os homens naquilo que *ele quer* que sejam.".

Robespierre: "A função do governo é dirigir as forças físicas e morais da nação em direção ao objetivo de sua instituição".

Billaud-Varennes:

> É preciso recriar o povo a quem queremos tornar livre. Pois é necessário destruir antigos preconceitos, mudar antigos hábitos, corrigir afetos depravados, restringir necessidades supérfluas, extirpar vícios inveterados. É, pois, necessária uma ação forte, um impulso veemente (...). Cidadãos, a inflexível austeridade de Licurgo fora em Esparta a base inabalável da república; o caráter fraco e confiante de Sólon tornou a mergulhar Atenas na escravidão. Esse paralelo contém toda a ciência do governo.

Lepelletier: "Considerando a que ponto a espécie humana está degradada, convenci-me da necessidade de operar uma regeneração completa e, se posso exprimir-me deste modo, de criar um novo povo".

Vemos, os homens não são nada mais que matérias vis. Não cabe a eles querer o bem — são incapazes disso —, cabe ao legislador, segundo Saint-Just. Os homens não são mais do que aquilo que esse último quer que sejam.

Segundo Robespierre, que copia literalmente Rousseau, o legislador começa por assinalar a finalidade da instituição da nação. Em seguida, os governantes só precisam dirigi-la rumo a esse fim, com todas as suas forças físicas e morais. A nação mesma permanece passiva em tudo isso. Já Billaud-Varennes nos ensina que a nação só pode ter os preconceitos, hábitos, afetos e necessidades que o legislador autorizar. Ele chega até a afirmar que a austeridade inflexível de um homem é a base da república.

Vimos que, nos casos nos quais o mal é grande a ponto de os magistrados ordinários não conseguirem remediá-lo, Mably aconselha a ditadura para que possa florescer a virtude. "*Recorrei* — diz ele — a uma magistratura extraordinária cujo tempo seja curto e o poder, considerável.

A imaginação dos cidadãos precisa ser golpeada." Essa doutrina não foi perdida. Escutemos Robespierre:

> O princípio do governo republicano é a virtude, e seu meio, enquanto está estabelecendo-se, é o terror. Em nosso país, almejamos substituir o egoísmo pela moral, a honraria pela probidade, os costumes pelos princípios, o decoro pelos deveres, a tirania da moda pelo império da razão, o desprezo ao infortúnio pelo desprezo ao vício, a insolência pelo orgulho, a vaidade pela grandeza de espírito, o amor ao dinheiro pelo amor à glória, a boa companhia pelas boas pessoas, a intriga pelo mérito, o gênio pela bela mente, o lampejo pela verdade, os enfados da volúpia pelo charme da felicidade, a pequenez dos grandes pela grandeza do homem. Pretendemos estabelecer um povo magnânimo, vigoroso e feliz, no lugar de um povo dócil, frívolo e miserável. Ou seja, queremos substituir todos os vícios e disparates da monarquia por todas as virtudes e milagres da república.

A que altura acima do resto da humanidade se coloca aqui Robespierre! E notai a circunstância na qual ele fala. Não se limita a expressar os votos de uma grande renovação do coração humano, sequer espera pelo que resultará de um governo regular. Não, ele quer operar tudo isso por conta própria, e por meio do terror. O discurso do qual foi extraído esse pueril e laborioso aglomerado de antíteses tinha por objeto a exposição *dos princípios de moral que devem dirigir um governo revolucionário.* Notai que, quando Robespierre pede a ditadura, não o faz somente para repelir o estrangeiro e combater as facções, mas, sim, para fazer prevalecer — por meio do terror e antecipadamente pelo uso da Constituição — seus próprios princípios de moral. Sua pretensão não se trata de nada menos que extirpar do país, por meio do terror, *o egoísmo, a honraria, os costumes, o decoro, a moda, a vaidade, o amor pelo dinheiro, a boa companhia, a intriga, a bela mente, a volúpia e a miséria.* É apenas quando ele, Robespierre, tiver realizado esses *milagres* — como ele os chama, e com razão — que será permitido às leis retomar seu império. Seus miseráveis! Vós que vos credes tão grandes, que julgais a humanidade tão pequena, que desejais a tudo reformar; reformai a vós mesmos, esta tarefa já vos basta.

Entretanto, geralmente os senhores reformadores, legisladores, políticos não pedem para exercer sobre a humanidade um despotismo imediato.

Não, eles são moderados e filantrópicos em demasia para isso. Eles clamam apenas pelo despotismo, absolutismo e onipotência da lei. Eles apenas aspiram a fazer a lei.

Para mostrar quanto essa estranha disposição das mentes foi universal na França, mesmo que me tivesse sido necessário copiar todo Mably, todo Raynal, todo Rousseau, todo Fénelon e longos excertos de Bossuet e Montesquieu, ainda ser-me-ia necessário reproduzir também todas as atas de sessões da convenção. Preservar-me-ei disso, deixo ao leitor tal trabalho.

Pensa-se corretamente que essa ideia deve ter sorrido a Bonaparte. Este a abraçou com ardor e colocou-a em prática energicamente. Considerando-se um químico, viu a Europa tão somente como um material para suas experiências. Mas logo essa matéria se manifestou como um reagente poderoso. Em Santa Helena,[28] Bonaparte, três quartos desiludido, pareceu reconhecer a existência de alguma iniciativa nos povos, e mostrou-se menos hostil à liberdade. Isso não o impediu, entretanto, de dar a seguinte lição ao seu filho por meio de seu testamento: "governar é propagar a moralidade, a instrução e o bem-estar".

Ainda é necessário mostrar, por meio de enfadonhas citações, de onde procedem Morelly, Babeuf, Owen, Saint-Simon, Fourier? Limitar-me-ei a submeter ao leitor alguns extratos do livro de Louis Blanc[29] sobre a organização do trabalho.

"Em nosso projeto, a sociedade recebe o impulso do poder."

Em que consiste a impulsão que o poder dá à sociedade?

Em impor o projeto do senhor L. Blanc.

Por outro lado, a sociedade é o gênero humano.

Logo, definitivamente, o gênero humano recebe impulsão do senhor L. Blanc.

É livre para isso, dirão. Sem dúvida, o gênero humano é livre para seguir os conselhos de quem quer que seja.

Mas não é assim que o senhor L. Blanc entende a coisa. Ele pretende que seu projeto seja convertido em lei e, consequentemente, que seja imposto à força pelo poder.

---

28. Santa Helena é uma ilha no Atlântico Sul, colônia britânica onde Napoleão Bonaparte se exilou e onde acabou falecendo, em 1821. (N.E.)

29. Louis Blanc (1811-1882) foi um socialista francês que participou da Revolução de 1848. (N.E.)

Em nosso projeto, o Estado apenas confere uma legislação ao trabalho (*desculpai pelo pouco*), em virtude da qual o movimento industrial pode e deve realizar-se com toda liberdade. Ele (o Estado) apenas põe a liberdade sobre um declive (*nada mais que isso*) na qual desce, uma vez colocada, unicamente pela força das circunstâncias e por uma consequência natural do *mecanismo estabelecido*.

Mas qual é esse declive? O indicado pelo senhor L. Blanc. Ele não conduz a um abismo? Não, conduz à felicidade. Como, então, a sociedade não se colocou lá por conta própria? Porque ela não sabe o que quer e necessita de *impulsão*. Quem dar-lhe-á tal impulsão? O poder. E quem dará impulsão ao poder? O inventor do mecanismo, o senhor L. Blanc.

Não saímos jamais deste círculo: a humanidade passiva e um grande homem que a move por intermédio da lei.

Uma vez nesse declive, a sociedade pelo menos gozaria de alguma liberdade? Sem dúvida. E o que seria a liberdade?

Digamos de uma vez por todas: a liberdade consiste não apenas no DIREITO outorgado, mas no PODER dado ao homem de exercer e desenvolver suas faculdades, sob o império da justiça e sob a salvaguarda da lei.

(...)

E esta não é, em absoluto, uma distinção vã: tem um sentido profundo, suas consequências são imensas. Pois, quando admitimos que o homem necessita, para ser verdadeiramente livre, do PODER de exercer e desenvolver suas faculdades, disso resulta que a sociedade deve a cada um de seus membros a instrução conveniente, sem a qual o espírito humano não *pode* se desenvolver, e os instrumentos de trabalho, sem os quais a atividade humana não *pode* ser efetivada. Ora, e pela intervenção de quem a sociedade fornecerá para cada um de seus membros a instrução e os instrumentos de trabalho necessários, senão pela intervenção do Estado?

Assim, a liberdade é o poder. Em que consiste esse PODER? Na posse da instrução e dos instrumentos de trabalho. Quem *dará* a instrução e os instrumentos de trabalho? A sociedade, que lhes deve. Pela intervenção de quem a sociedade dará instrumentos de trabalho àqueles que não os possuem? *Por intervenção do* Estado. De quem o Estado os tomará?

Cabe ao leitor encontrar essa resposta e ver onde tudo isso desembocará.

Um dos fenômenos mais estranhos de nosso tempo, e que provavelmente espantará muito nossos sobrinhos, é que a doutrina que se funda sobre esta tripla hipótese — a inércia radical da humanidade, a onipotência da lei, a infalibilidade do legislador — seja o símbolo do partido que se proclama exclusivamente democrático.

É verdade que ele também se diz *social*.

Enquanto democrático, ele tem uma fé sem limites na humanidade.

Enquanto *social*, ele a afunda sob a lama.

Trata-se de direitos políticos, trata-se de tirar de seu seio o legislador. Oh! Então, segundo esse partido, o povo tem infundida a ciência, ele é dotado de um tato admirável; *sua vontade está sempre correta, a vontade geral não pode errar*. O sufrágio não poderia ser exageradamente *universal*. Ninguém deve à sociedade nenhuma garantia. A vontade e a capacidade de bem decidir são sempre presumidas. Poderia o povo se enganar? Não estamos nós no século das luzes? Então, o quê? O povo permanecerá para sempre sob tutela? Ele não conquistou seus direitos com lutas e sacrifícios o suficiente? Não deu provas suficientes de sua inteligência e sabedoria? Não chegou à maturidade? Não está em condição de julgar por si mesmo? Não conhece seus interesses? Há algum homem ou classe que ouse reivindicar o direito de substituir o povo, de decidir e agir no lugar dele? Não, não, o povo quer ser livre, e o será. Ele quer dirigir seus próprios negócios, e os dirigirá.

Mas quando o legislador finalmente está livre dos comícios eleitorais, oh! Então, a conversa muda. A nação retorna à passividade, à inércia, ao nada, e o legislador toma posse da onipotência. Cabe a ele a invenção, a direção, o estímulo, a organização. A humanidade pode apenas deixar acontecer, a hora do despotismo soou. E notai que isso é fatal, pois esse povo, repentinamente tão esclarecido, tão moral, tão perfeito, não tem mais nenhuma inclinação ou, se tem, é por ela toda conduzido à degradação. E daríamos a ele um pouco de liberdade! Mas não sabeis que, segundo o senhor Considerant,[30] *a liberdade conduz fatalmente ao monopólio*? Não sabeis que a liberdade é a concorrência? E não sabeis que a concorrência, na concepção do senhor L. Blanc, é *um sistema de extermínio para o*

---

30. Victor Prosper Considerant (1808-1893), filósofo e economista francês. (N.E.)

povo, uma causa de ruína para a burguesia? Que é por causa disso que os povos são tanto mais exterminados e arruinados quanto mais livres, isso testemunham a Suíça, a Holanda, a Inglaterra e os Estados Unidos? Não sabeis, ainda de acordo com o senhor L. Blanc, que *a concorrência conduz ao monopólio*, e que, *pela mesma razão, o barato conduz ao aumento dos preços*? Que *a concorrência tende a esgotar as fontes de consumo e empurra a produção para uma atividade predatória*? Que a *concorrência força a produção ao crescimento e o consumo, ao decréscimo*, de onde segue que os povos livres produzem para não consumir? *Que ela é, ao mesmo tempo, opressão e demência*, e que é absolutamente necessário que o senhor L. Blanc se intrometa?

Além disso, que liberdade poderíamos deixar aos homens? Seria a liberdade de consciência? Mas, então, os veremos aproveitar a permissão de tornarem-se ateus. A liberdade de ensino? Mas os pais se apressarão em pagar professores que ensinem a seus filhos a imoralidade e o erro. Aliás, crendo no senhor Thiers,[31] se o ensino fosse deixado à liberdade nacional, deixaria de ser nacional, e criaríamos nossas crianças nas ideias dos turcos ou dos hindus e não nas nobres ideias dos romanos que elas têm a felicidade de conhecer graças ao despotismo legal da universidade. A liberdade do trabalho? Mas é a concorrência, que tem como efeito deixar todos os produtos não consumidos, que extermina o povo e arruína a burguesia. A liberdade de comércio? Mas sabe-se bem, os protecionistas o demonstraram à exaustão, que um homem vai à ruína quando comercializa livremente e que, para enriquecer, é preciso negociar sem liberdade. A liberdade de associação? Mas, de acordo com a doutrina socialista, liberdade e associação são mutuamente excludentes, uma vez que, precisamente, se aspira a privar os homens de sua liberdade apenas para forçá-los a se associar.

Vede bem, portanto, que os sociais-democratas não podem, em sã consciência, deixar nenhuma liberdade aos homens, pois, deixados à sua própria natureza e sem a intervenção deles, tendem, por toda parte, a todos os gêneros de degradação e desmoralização. Resta descobrir, nesse caso, sob qual fundamento os sociais-democratas exigem, com tanta insistência, o sufrágio universal.

---

31. Adolphe Thiers (1797-1877), político e historiador francês. (N.E.)

As pretensões dos organizadores levantam uma outra questão que eu lhes fiz e à qual, que eu saiba, eles jamais responderam: uma vez que as inclinações naturais da humanidade sejam tão más a ponto de que devemos lhe tirar a liberdade, como é possível então que as inclinações dos organizadores sejam boas?

Os organizadores e seus agentes não fazem, também, parte do gênero humano? Eles se creem moldados duma argila diferente que a que molda o resto dos homens? Eles dizem que a sociedade, abandonada à própria sorte, corre fatalmente aos abismos porque seus instintos são perversos. Eles pretendem detê-la nesse declive e imprimir-lhe uma melhor direção. Portanto, receberam do céu uma inteligência tal e virtudes que os colocam fora e acima da humanidade; que mostrem seus títulos. Querem ser pastores e que sejamos o rebanho. Essa posição pressupõe neles uma superioridade de natureza, da qual temos muito bem o direito de exigir a prova preliminar.

Notai que o que contesto desses pensadores não é o direito de inventar combinações sociais, de propagá-las, de aconselhá-las e experimentá-las para si próprios, a seu prejuízo e risco. Contesto, na verdade, o direito de as imporem a nós por intermédio da lei, quer dizer, das forças e contribuições públicas.

Exijo que os cabetistas, os fourieristas, os proudhonianos, os acadêmicos e os protecionistas renunciem não a suas ideias peculiares, mas a esta ideia que lhes é comum, de submetermo-nos à força aos seus grupos e séries, a suas oficinas nacionais, a seu banco gratuito, a sua moralidade greco-romana, a suas barreiras comerciais. O que exijo deles é que nos deixem a faculdade de julgar seus planos e não nos associar a eles direta ou indiretamente, caso achemos que melindram nossos interesses ou que repugnam nossa consciência.

Ora, a pretensão de intervir com poder e imposto, além de ser opressiva e espoliadora, implica ainda esta hipótese preconceituosa: a infalibilidade do organizador e a incompetência da humanidade.

E, se a humanidade é incompetente para julgar por conta própria, como vêm nos falar de sufrágio universal?

Essa contradição nas ideias é, infelizmente, reproduzida nos fatos. Além disso, embora o povo francês tenha se antecipado, entre todos os outros, na conquista de seus direitos, ou melhor, de suas garantias políticas, nem por isso deixou de ser o mais governado, dirigido, administrado, oprimido, entravado e explorado entre todos os povos.

Ele é também aquele, entre todos, no qual as revoluções são mais iminentes, e assim deve ser.

Desde que partimos dessa ideia, admitida por todos os políticos e tão energicamente expressada pelo senhor L. Blanc nestes termos: "A sociedade recebe o estímulo do poder". A partir do momento em que os homens consideram a si próprios sensíveis, mas passivos; incapazes de formarem-se com seu próprio discernimento e por sua própria energia em nenhuma moralidade, em nenhum bem-estar, e reduzidos a tudo aguardar da lei, em suma, quando admitem que suas relações com o Estado são as mesmas do rebanho para com o pastor, então está claro que a responsabilidade do poder é imensa. Os bens e os males, as virtudes e os vícios, a igualdade e a desigualdade, a opulência e a miséria, tudo resulta do poder. Ele está encarregado de tudo, empreende tudo, faz tudo; logo, responde por tudo. Se somos felizes, ele cobra com razão nosso reconhecimento. Mas, se somos miseráveis, só podemos remeter a ele a causa disso. Ele não dispõe, em princípio, de nossas pessoas e de nossos bens? A lei não é onipotente? Criando o monopólio universalista, cabe a ele responder pelas esperanças dos pais de família privados de liberdade; e, se essas esperanças são frustradas, de quem é a culpa? Regulamentando a indústria, cabe a ele fazê-la prosperar, senão teria sido absurdo privá-la de sua liberdade; e, se a indústria sofre, de quem é a culpa? Intrometendo-se e ponderando a balança comercial, por meio do jogo de tarifas, cabe a ele fazê-la florescer; e se, longe de florescer, ela morre, de quem é a culpa? Concedendo aos armamentos marítimos sua proteção, em troca da liberdade destes, cabe a ele torná-los lucrativos; e, se eles ficam onerosos, de quem é a culpa?

Assim, não há uma dor na nação da qual o governo não tenha se tornado voluntariamente responsável. É de se espantar que cada sofrimento seja uma causa de revolução?

E qual é o remédio que eles propõem? É expandir indefinidamente o domínio da lei, ou seja, a responsabilidade do governo.

Mas, se o governo se encarrega de elevar e regulamentar os salários e não o possa fazer; se ele se encarrega de assistir a todos os desafortunados e não o possa fazer; se ele se encarrega de assegurar aposentadoria a todos os trabalhadores e não o possa fazer; se ele se encarrega de fornecer instrumentos de trabalho para todos os operários e não o possa fazer; se ele se encarrega de abrir um empréstimo de crédito gratuito para todos os famintos e não o possa fazer; se, segundo as palavras que vimos com pesar escapar da pluma do senhor De Lamartine, "o Estado dá a si mesmo a missão de esclarecer, desenvolver, ampliar, fortificar, espiritualizar e santificar a alma dos povos" e ele falha, não vemos que, ao fim de cada decepção — infelizmente! — mais que provável, há uma não menos inevitável revolução?

Retomo minha tese e afirmo que, imediatamente a partir da ciência econômica e no início da ciência política,[32] apresenta-se uma questão dominante: "O que é a lei?". O que ela deve ser? Qual é o seu domínio? Quais são seus limites? Onde terminam, consecutivamente, as atribuições do legislador?

Não hesito em responder: a lei é a força coletiva organizada para fazer obstáculo à injustiça. E, para abreviar: A LEI É A JUSTIÇA.

Não é verdadeiro que o legislador tenha sobre nossas pessoas e nossas propriedades um poder absoluto, pois elas preexistem, e a missão daquele é envolvê-las em garantias.

Não é verdadeiro que a lei tenha por missão reger nossas consciências, nossas ideias, nossas vontades, nossa instrução, nossos sentimentos, nosso trabalho, nossos comércios, nossas habilidades, nossos prazeres.

Sua missão é impedir que em qualquer uma dessas matérias o direito de um não usurpe o direito do outro.

A lei, por ter como sanção necessária a força, só pode ter por domínio legítimo o legítimo domínio da força, a saber: a justiça.

E, assim como cada indivíduo não pode recorrer à força a não ser em caso de legítima defesa, a força coletiva, que não é senão a reunião das forças individuais, não poderia ser racionalmente aplicada com outro fim.

Portanto, a lei é apenas a organização do direito individual preexistente de legítima defesa.

A lei é a justiça.

---

32. A economia política precede a política. Aquela diz se os interesses humanos são naturalmente harmônicos ou antagônicos, e isso é o que essa última deveria saber antes de fixar as atribuições do governo.

É deveras falso que ela possa oprimir as pessoas ou espoliar as propriedades — mesmo que com uma finalidade filantrópica —, uma vez que sua missão é protegê-las.

E que não se diga que ela pode, pelo menos, ser filantrópica na condição de que se abstenha de toda opressão e de toda espoliação; isso é contraditório. A lei não pode agir sobre nossas pessoas ou nossos bens, pois, se não os garante, então os viola unicamente por atuar e por ser o que é.

A lei é a justiça.

Eis que está claro, simples, perfeitamente definido e delimitado, acessível a toda inteligência, visível a todos os olhos, pois a justiça é uma quantidade dada, imutável, inalterável, que não admite nem *mais*, nem *menos*.

Saí dessa delimitação, fazei a lei religiosa, fraterna, igualitária, filantrópica, industrial, literária, artística, tão logo estareis no infinito, no incerto, no desconhecido, na utopia imposta ou, o que é ainda pior, na multidão das utopias conflitantes que disputam para tomar a lei e se impor, pois a fraternidade e a filantropia não possuem, assim como a justiça, limites fixos. Onde ireis parar? Onde a lei irá parar? Alguém como o senhor de Saint-Cricq[33] estenderá sua filantropia apenas sobre algumas classes de industriais, e cobrará daí lei que *disponha dos consumidores em favor dos produtores*. Outro, como o senhor Considerant, tomará em mãos a causa dos trabalhadores e exigirá para estes que a lei forneça um MÍNIMO *assegurado, a vestimenta, a moradia, a alimentação e todas as coisas necessárias à manutenção da vida*. Um terceiro, o senhor L. Blanc, dirá, com razão, que isso não passa de um esboço de fraternidade, e que a lei deve fornecer a todos os instrumentos de trabalho e educação. Um quarto observará que tal disposição ainda deixa lugar à desigualdade, e que a lei deve levar, até as aldeias mais remotas, o luxo, a literatura e as artes. Assim, sereis conduzidos ao comunismo, ou, melhor dizendo, a legislação será (o que ela já é) o campo de batalha de todos os devaneios e de todos os interesses gananciosos.

A lei é a justiça.

---

33. Pierre Laurent Barthélemy (1772-1854), ou conde de Saint-Cricq, foi um administrador aduaneiro e político francês. (N.E.)

Nesta concepção, propomos um governo simples e inabalável. E desafio qualquer um a me dizer de onde poderia vir o pensamento de uma revolução, de uma insurreição, de um simples motim contra uma força pública limitada à repressão contra a injustiça. Sob um tal regime, haveria mais bem-estar, o bem-estar seria repartido mais igualmente, e, quanto aos sofrimentos inseparáveis da humanidade, ninguém pensaria em acusar o governo, pois este lhes seria tão alheio quanto o é para as variações de temperatura. Alguma vez já se viu o povo se insurgir contra o tribunal de cassação, ou invadir o tribunal do juiz de paz para exigir o salário mínimo, o crédito gratuito, os instrumentos de trabalho, os favores tarifários, ou a oficina nacional? O povo sabe bem que essas competências estão fora do poder do juiz, e aprenderia até que estão fora do poder da lei.

Mas fazei a lei sobre o princípio da fraternidade, proclamai que é dela que resultam os bens e os males, que ela é responsável por toda dor individual, por toda desigualdade social, e abrireis a porta para uma série infinda de reclamações, ódios, tumultos e revoluções.

A lei é a justiça.

E seria deveras estranho se ela pudesse ser, razoavelmente, outra coisa! Por acaso a justiça não é o direito? Os direitos não são iguais? Como, então, a lei poderia intervir para me submeter aos planos sociais dos senhores Mimerel, de Melun, Thiers, Louis Blanc, no lugar de submeter esses senhores aos meus planos? Não creem que eu tenha recebido da natureza imaginação suficiente para também inventar uma utopia? Seria papel da lei escolher entre tantas quimeras fantasiosas e dispor a força pública a serviço de uma delas?

A lei é a justiça.

E que não se diga, como o fazem sem cessar, que assim concebida a lei, ateia, individualista e sem entranhas, faria a humanidade segundo sua imagem. Essa é uma dedução absurda, bem digna dessa mania governamental que vê a humanidade dentro da lei.

Mas como! Daquilo que nos fará livres, resultaria que cessaríamos de agir? Do fato de não recebermos impulsão da lei, resultaria que seríamos destituídos de ímpeto? Do fato de que a lei se limitará a nos garantir o livre exercício de nossas faculdades, resultaria que nossas faculdades sofreriam de inércia? Do fato de que a lei não nos imporá formas de religião, modos de associação, métodos educacionais, procedimentos de trabalho, direções de comércio, planos de caridade, resultaria que logo mergulharíamos no ateísmo, no isolamento, na ignorância, na miséria e no egoísmo? Resultaria que não saberíamos mais reconhecer o poder e a bondade de Deus, não saberíamos mais nos associar, nos ajudar mutuamente, amar e socorrer nossos irmãos infelizes, estudar os segredos da natureza, aspirar às perfeições de nosso ser?

A lei é a justiça.

E é sob a lei de justiça, sob o regime do direito, sob a influência da liberdade, da segurança, da estabilidade, da responsabilidade, que cada homem alcançará todo o seu valor, toda a dignidade de seu ser, e que a humanidade realizará com ordem, calma e lentamente, sem dúvida, mas com segurança, o progresso ao qual está destinada.

Parece-me que tenho minha teoria; pois qualquer que seja a questão que submeto à reflexão, seja ela religiosa, filosófica, política, econômica ou que trate do bem-estar, de moralidade, de igualdade, de direito, de justiça, de progresso, de responsabilidade, de solidariedade, de propriedade, de trabalho, de comércio, de capital, de salários, de impostos, de população, de crédito, de governo, em qualquer lugar do horizonte científico em que coloco o início de minhas pesquisas, sempre, inevitavelmente, chego a este resultado: a solução do problema social se encontra na liberdade.

E não tenho do meu lado a experiência? Voltai vosso olhar sobre o mundo. Quais são os povos mais felizes, mais morais, mais pacíficos? Aqueles que vivem onde a lei intervém o mínimo na atividade privada, onde o governo menos se faz sentir, onde a individualidade tem mais incentivo e a opinião pública tem mais influência, onde as engrenagens administrativas são menos numerosas e complicadas, os impostos são menos pesados e menos desiguais, os descontentamentos populares são menos agitados e menos justificáveis, onde a responsabilidade dos indivíduos e das classes é mais ativa, e onde, consequentemente, se os costumes não são perfeitos, tendem necessariamente a se retificar, onde as transações, as convenções, as associações são menos obstruídas, onde o trabalho, os capitais e a população sofrem as menores oscilações, onde a humanidade obedece ao máximo a sua própria inclinação, onde o pensamento de Deus prevalece o máximo sobre as invenções dos homens; aqueles povos, em suma, que se aproximam o máximo possível desta solução: nos limites do direito, tudo pela livre e perfectível espontaneidade do homem, nada pela lei ou pela força, apenas a justiça universal.

É preciso dizê-lo: no mundo, há um excesso de grandes homens. Uma demasia de legisladores, organizadores, instituidores de sociedades, condutores de povos, pais das nações, etc. Muitas pessoas se colocam sobre a humanidade para reinar nela, muitas pessoas fazem de seu ofício ocupar-se da humanidade.

Dir-me-ão: te ocupas muito disso, tu mesmo que falas. É verdade. Mas concordaremos que isso acontece em um sentido e em um ponto de vista bem diferentes, e, se me misturo com os reformadores, é unicamente para fazer com que se rendam.

Ocupo-me disso não como Vaucanson[34] faz com seu autômato, mas como um fisiologista o faz com o organismo humano: para estudá-lo e admirá-lo.

Ocupo-me disso com a mesma atitude que animava um viajante célebre. Ele chegara no meio de uma tribo selvagem. Uma criança acabara de nascer e uma multidão de adivinhos, feiticeiros e empíricos a cercava, armada de argolas, de ganchos e de laços. Um dizia: esta criança nunca aspirará o perfume de um cachimbo[35] caso eu não lhe alongue as narinas. Outro: ela será privada do sentido da audição caso eu não faça com que suas orelhas cheguem até os ombros. Um terceiro: ela não verá a luz do sol caso eu não dê uma direção oblíqua aos seus olhos. Um quarto: ela nunca ficará em pé caso eu não curve suas pernas. Um quinto: ela não pensará caso eu não comprima seu cérebro. Para trás — disse o viajante —, Deus faz bem o que faz, não pretendei saber mais que ele, e, já que ele concedeu órgãos a esta frágil criatura, deixai esses órgãos se desenvolverem e se fortificarem por meio do exercício, das tentativas, da experiência e da liberdade.

---

34. Jacques de Vaucanson (1709-1782) foi um inventor francês notável pela confecção de autômatos, a exemplo de um pato mecânico que chegava até a se "alimentar" de grãos. Diferentemente de um fisiologista, que se limita ao conhecimento do funcionamento do organismo humano, o criador de autômatos determina todos os movimentos de sua criação. (N.E.)
35. No original, *calumet*: um cachimbo cerimonial, adornado com penas, utilizado pelos indígenas norte-americanos. (N.T.)

Deus também dotou a humanidade de tudo aquilo que é necessário para que ela cumpra seus destinos. Existe uma fisiologia social providencial assim como existe uma fisiologia humana providencial. Os órgãos sociais também são constituídos de maneira a se desenvolver harmonicamente ao grande ar da liberdade. Para trás, então, os empíricos e os organizadores! Para trás suas argolas, suas correntes, seus ganchos, seus tenazes! Para trás todos os seus meios artificiais! Para trás sua oficina nacional, seu falanstério, seu governismo, sua centralização, suas tarifas, suas universidades, suas religiões de Estado, seus bancos gratuitos ou seus bancos monopolizados, suas compressões, suas restrições, sua moralização ou sua equidade por imposição! E porque eles infligiram em vão ao corpo social tantos sistemas, que terminemos por onde deveríamos ter começado, que afastemos os sistemas, que finalmente coloquemos à prova a liberdade — a liberdade que é um ato de fé em Deus e em sua obra.

PETIÇÃO DOS FABRICANTES DE VELAS

Os fabricantes de velas, lamparinas, lâmpadas, castiçais, lampiões, candeeiros, apagadores de velas, e os produtores de sebo, óleo, resina, álcool e de toda variedade daquilo que concerne à iluminação.

A vossas senhorias, membros da câmara dos deputados.

"Senhores,
Sois no caminho correto. Rejeitais as teorias abstratas. A abundância, os preços baixos pouco vos afetam. Preocupai-vos, sobretudo, com a sorte do produtor. Desejais libertá-lo da concorrência exterior. Em uma palavra; quereis reservar o *mercado nacional* ao *trabalho nacional*.

Viemos oferecer-vos uma admirável ocasião para aplicar vossa... como podemos dizer? Vossa teoria? Não, nada é mais enganoso do que a teoria; vossa doutrina? Sistema? Princípio? Todavia, não vos agradam as doutrinas, tendes horror aos sistemas e, quanto aos princípios, declarais que eles não existem em matéria de economia social. Diremos, portanto, vossa prática, vossa prática destituída de teoria e princípio.

Nós sofremos com a intolerável concorrência de um rival estrangeiro que, ao que parece, coloca-se em condições muito superiores às nossas para a produção de luz, de tal modo que ele *inunda* nosso *mercado nacional* com um preço fabulosamente reduzido. Com efeito, tão logo esse rival se apresenta, nossa venda cessa. Todos os consumidores vão até ele, e um setor da indústria francesa, cujas ramificações são incontáveis, é imediatamente atingido pela mais completa estagnação. Esse rival, que não é outro senão o próprio Sol, empreende contra nós uma guerra feroz, de tal forma que supomos que nos tenha sido suscitado pelo pérfido Albion[36] (bom diplomata do tempo corrente), na medida em que ele tem considerações para com esta ilha orgulhosa que dispensa em relação a nós.

Reivindicamos que tenhais a gentileza de fazer uma lei que ordene o fechamento de todas as janelas, claraboias, todos os tipos de cortinas e persianas,[37] olhos de boi;[38] em uma palavra, todos os buracos, as aberturas, as frestas e fissuras através dos quais a luz solar tem o hábito de penetrar nas casas, em prejuízo das belas indústrias que nos lisonjeamos por ter em nosso país e que não poderíamos abandonar hoje a uma luta tão desigual.

Senhores deputados, não tomeis, por obséquio, nosso pedido na conta de uma sátira. E não o recuseis sem, pelo menos, escutar as razões que temos a apresentar a seu favor.

A princípio, que se fechai, na medida do possível, todo acesso à luz natural. Se, dessa forma, criásseis a necessidade da luz artificial, então, qual seria a indústria que, por extensão, não se beneficiaria em toda a França?

Caso consumisse-se mais sebo, seria necessário um aumento de gado e ovelhas, e, consequentemente, ver-se-ia multiplicarem-se os pastos artificiais, a carne, a lã, o couro e, sobretudo, os fertilizantes, essa base de toda a riqueza agrícola. Caso mais óleo fosse consumido, ver-se-ia estenderem-se as plantações de papoula, oliveiras e de colzas. Essas plantas ricas e extenuantes virão pôr a proveito essa fertilidade que as crias das manadas terão conferido ao nosso território.

Nossas charnecas[39] se revestirão de árvores resinosas. Numerosos enxames de abelhas coletarão sobre nossas montanhas tesouros perfumados que, hoje, evaporam sem utilidade, como as flores das quais emanam.

---

36. No original, *le perfide Albion*. Trata-se de uma alusão hostil à Inglaterra cunhada por um diplomata francês no século XVIII. Albião é a maneira como os antigos gregos chamavam a ilha da Grã-Bretanha. (N.T.)

37. No original, *abat-jours, centre-vents, volets, rideaux, vasistas, stores*. Alguns desses objetos só teriam um correspondente aproximado no português contemporâneo, conforme a tradução que propusemos. (N.T.)

38. No original, *oeil de boeuf*. Uma espécie de janela circular localizada nos sótãos de edifícios vitorianos. (N.T.)

39. No original, *lande*. É um tipo de vegetação rasteira própria de climas úmidos da zona temperada. Costuma apresentar plantas como urzes e pequenos arbustos. Nas ilhas britânicas, essa vegetação é conhecida como *heath*. O correspondente mais próximo para esse tipo de formação vegetal em português seria charneca. No Brasil, a palavra charneca também passou a designar terrenos como pântanos e brejos. (N.T.)

Não é, pois, apenas um ramo da agricultura que goza de desenvolvimento; o mesmo ocorre com a navegação. Milhares de embarcações partirão à pesca da baleia, e, em pouco tempo, teremos uma marinha capaz de sustentar a honra da França e de responder à patriótica suscetibilidade dos peticionários subscritos, vendedores de velas, etc.

Mas o que diremos sobre o *artigo de Paris*? Imaginai a folhagem a ouro, os bronzes e os cristais adornando castiçais, lâmpadas, lustres e candelabros cintilando em espaçosas lojas, perto das quais as de hoje não passariam de pequenas butiques. Não apenas o pobre produtor de resina, no pico de sua colina, ou o triste mineiro, no fundo de sua galeria escura, que veriam aumentar seu salário e seu bem-estar. Tende a bondade de refletir sobre esse tema, senhores, e ficareis convencidos de que não haverá um francês, do opulento acionista de Anzin ao mais humilde arrendatário de fósforos, cuja condição não possa ser melhorada pelo sucesso de nossa proposta.

Antevemos vossas objeções, mas só podereis opor-nos com argumentos colhidos de livros usados pelos partidários da liberdade comercial. Ousamos desafiar-vos a pronunciar uma palavra contra nós que, no mesmo instante, não se volte contra vós próprios e contra o princípio que dirige toda a vossa política. Dir-nos-ão que, se ganharmos essa proteção, a França não ganhará nada, pois o consumidor arcará com os custos? Pois responderemos: não tendes o direito de invocar os interesses do consumidor. Quando estes estão em conflito com os do produtor, em todas as circunstâncias vós os sacrificastes. Fizestes isso para *fomentar o trabalho*, para *ampliar o domínio do trabalho*. Pelos mesmos motivos, devei proceder da mesma forma. Expuseste-vos à objeção. Quando dizíamos: o consumidor está interessado na livre importação do ferro, do carvão, do gergelim, do trigo, dos tecidos. Sim — respondíeis —, mas o produtor está interessado em sua exclusão. Pois bem, se os consumidores têm interesse na estrada da luz natural, os produtores o têm em sua proibição. Mas dizíeis ainda que o produtor e o consumidor não são senão um só. Se o fabricante ganhar pelo protecionismo, então, fará ganhar o agricultor. Se o agricultor prosperar, gerará oportunidades para os fabricantes. Pois bem! Se vós nos conferísseis o monopólio da iluminação durante o dia, inicialmente, compraríamos muito sebo, carvão, óleos, resinas, cera, álcool, prata, ferro, bronze e cristais para alimentar nossa indústria, e, consequentemente, nós e nossos numerosos fornecedores, enriquecidos, consumiríamos muito e propagaríamos benesses para todos os ramos do trabalho nacional. Argumentareis que a luz do Sol é um dom gratuito e que rejeitar dons gratuitos seria rejeitar a própria riqueza sob o pretexto de fomentar os meios para adquiri-la? Contudo, percebei que carregais a morte no coração de vossa política, refleti que até hoje tendes rejeitado o produto estrangeiro *porque ele* se assemelha ao dom gratuito e *tanto mais* quanto dele se assemelha. Para cumprir as exigências de outros monopolistas, tendes apenas um *meio motivo*. Para acolher nossa demanda, tendes um *motivo completo*, e rejeitar-nos precisamente sob o *fundamento* do que temos mais bem *fundado* do que os outros seria colocar a seguinte equação: + x + = -. Em outras palavras, seria empilhar *absurdo* sobre *absurdo*.

De acordo com o país e o clima, o trabalho e a natureza concorrem em proporções diversas para a criação de um produto. A parte de contribuição correspondente à natureza é sempre gratuita; destarte, é a parte do trabalho que constitui o valor e a remuneração do produto.

Se uma laranja de Lisboa é vendida pela metade do preço de uma laranja parisiense, isso se deve ao calor natural — e consequentemente gratuito —, que faz pela primeira o que a outra deve a um calor artificial, por sua vez, custoso. Portanto, quando uma laranja nos chega de Portugal, pode-se dizer que ela nos é dada meio gratuitamente e meio onerosamente, ou, em outras palavras, pela *metade do preço* em relação às laranjas de Paris. Ora, é precisamente dessa *meia gratuidade* (perdoai a palavra) que alegais a exclusão. Dizeis "Como o trabalho nacional poderia aguentar a concorrência do trabalho estrangeiro quando aquele tem tudo a ser feito, ao passo que este apenas realiza metade da labuta, o sol encarrega-se do resto?", mas, se a *meia gratuidade* faz com que rechaceis a concorrência, como, então, podeis admitir a *gratuidade* completa na concorrência? Ou não entendeis de lógica ou deveis repelir a meia gratuidade como algo nocivo a nosso trabalho nacional, e repelir *a fortiori* e com o dobro de zelo a gratuidade completa.

Uma vez mais, quando um produto, carvão, ferro, farinha de trigo ou tecido nos vêm de fora e podemos adquiri-los com menos trabalho do que se os fizéssemos nós mesmos, a diferença é um *dom gratuito* que nos é conferido. Esse dom será mais ou menos considerável conforme for maior ou menor a diferença. Trata-se de um quarto, metade, três quartos do valor do produto, caso o estrangeiro nos cobre apenas três quartos, metade ou um quarto do pagamento. Ademais, é tão completo quanto o possa ser quando o doador — como o faz o sol em relação à luz — não nos exige nada em troca. A questão, e a colocamos formalmente, é saber se desejais para a França o benefício do consumo gratuito ou as pretensas vantagens da produção onerosa. Escolhei, mas sede lógicos; pois, uma vez que recusardes — como o fazeis — carvão, ferro, farinha de trigo e tecidos estrangeiros *na proporção* em que seus preços se aproximam do *zero*, qual não seria a inconsequência de admitir a luz solar, cujo preço é *zero*, durante todo o dia?

O QUE SE VÊ E
O QUE NÃO SE VÊ[40]

Na esfera econômica, um ato, um hábito, uma instituição, uma lei não engendram apenas um único efeito, mas uma série deles. Desses efeitos, unicamente o primeiro é imediato, ele manifesta-se concomitantemente com sua causa; *nós o vemos*. Os outros só se desenrolam sucessivamente, *nós não os vemos*; somos felizes se os *prevemos*.

Entre um mau e um bom economista, esta é toda a diferença: o primeiro se atém ao efeito *visível*, o outro considera o efeito *visível* e aqueles que é preciso *prever*. Entretanto, essa é uma enorme diferença, pois quase sempre ocorre que, enquanto a consequência imediata é favorável, as consequências ulteriores são funestas, e *vice-versa*. Disso resulta que o mau economista persegue um pequeno bem imediato que será seguido por um grande mal vindouro, ao passo que o verdadeiro economista persegue um grande bem vindouro, ao risco de um pequeno mal imediato.

Aliás, o mesmo ocorre em matéria de costumes e moral. Frequentemente, quanto mais doce é o primeiro fruto de um hábito, mais amargos serão os posteriores. Exemplos disso: a devassidão, a preguiça, a prodigalidade. Desde então, quando um homem, impressionado pelo efeito *que se vê*,

---

40. Este panfleto, publicado em julho de 1850, é o último escrito por Bastiat. Durante mais de um ano ele foi prometido ao público. Eis como sua aparição foi adiada: o autor perdera o manuscrito original quando de sua mudança de domicílio da rua Choiseul para a rua Alger. Depois de longas e inúteis buscas, decidiu-se a recomeçar inteiramente sua obra, escolhendo por base principal de suas demonstrações os discursos recentemente pronunciados na Assembleia Nacional. Ao concluir essa tarefa, censurou-se por ter sido demasiado formal, atirou ao fogo o segundo manuscrito e escreveu este que reimprimimos. (Nota do editor francês)

ainda não aprendeu a discernir aqueles *que não se veem*, ele se entrega a hábitos funestos, não apenas por propensão, mas por cálculo.

Isso explica a evolução fatalmente dolorosa da humanidade. A ignorância circunda seu berço, portanto, ela determina-se, em seus atos, pelas primeiras consequências — as únicas, em sua origem, que podem ser vistas. É apenas no longo prazo que ela aprende a levar as outras em consideração. Dois mestres, bem diversos, ensinam-lhe esta lição: a experiência e a previdência. A experiência rege eficaz, mas brutalmente. Ela nos instrui sobre todos os efeitos de um ato, fazendo-nos senti-los. Consequentemente, somente acabamos por saber que o fogo queima após nos queimarmos. Esse rude doutor eu gostaria, na medida do possível, de substituir por um mais brando: a previdência. Por essa razão, pesquisarei as consequências de alguns fenômenos econômicos, opondo, àqueles *que se veem*, aqueles *que não se veem*.

I. A VIDRAÇA QUEBRADA

Alguma vez testemunhastes o furor do bom burguês Jacques Bonhomme quando seu terrível filho quebrou a vidraça? Se assististes a esse espetáculo, certamente também constatastes que todos os presentes, talvez uns trinta, parecem ter usado da palavra para oferecer ao proprietário infortunado esta única consolação: "Alguns males vêm para o bem. Tais acidentes fazem andar a indústria. Todos devem ter sustento. O que seria dos vidraceiros caso as vidraças não fossem quebradas?". Ora, há nessa forma de condolência toda uma teoria, a qual é bom surpreender *in flagrante delicto*, nesse caso bem simples, haja vista que é exatamente a mesma teoria que, infelizmente, rege a maior parte de nossas instituições econômicas.

Supondo que seja preciso dispensar seis francos para consertar o estrago, se alguém quiser dizer que o acidente remete seis francos para a indústria vidraceira, que fomenta no montante de seis francos tal indústria, eu concordo, não o contesto em nada, o raciocínio é justo. O vidraceiro virá, fará seu trabalho, receberá os seis francos, esfregará as mãos e, em seu íntimo, abençoará a criança terrível. *Isso é aquilo que se vê*. Todavia, se, por dedução, concluir-se — como é feito frequentemente — que é bom quebrar as janelas, que isso faz o dinheiro circular, que resulta num incentivo para a indústria em geral, então, sou obrigado a exclamar: alto lá! Vossa teoria se limita àquilo *que vemos*, ela não considera *aquilo que não vemos*. Não se vê que, porque nosso burguês gastou seis francos com uma coisa, ele não poderá mais gastá-los com outra. *Não se vê* que, se ele não tivesse uma vidraça a substituir, teria substituído, por exemplo, seus sapatos gastos ou teria colocado um livro a mais em sua biblioteca. Em suma, ele teria feito de seus seis francos um emprego qualquer que jamais fará.

Façamos, portanto, a conta pela indústria *em geral*. Se a vidraça estiver quebrada, a indústria vidraceira será incentivada na medida de seis francos; *isso é o que se vê*. Se a vidraça não tivesse sido quebrada, a indústria sapateira (ou qualquer outra) teria sido fomentada na medida de seis francos; *isso é o que não se vê*. E, se levássemos em consideração *aquilo que não vemos*, porque é um fato negativo, junto com *aquilo que vemos*, porque é um fato positivo, compreenderíamos que, sendo ou não as vidraças quebradas, não haveria nenhum interesse para a indústria *em geral* ou para o conjunto do *trabalho nacional*.

Façamos agora a conta de Jacques Bonhomme. Na primeira hipótese, aquela da vidraça quebrada, ele dispensa seis francos e tem — nem mais nem menos do que antes — a satisfação da necessidade de uma vidraça. Na segunda, aquela na qual o acidente não tivesse acontecido, ele teria gastado seis francos em calçados e teria a satisfação simultânea com o par de sapatos e a vidraça. Ora, como Jacques Bonhomme faz parte da sociedade, é necessário concluir que esta, considerada em seu conjunto, com todo o saldo de seus trabalhos e satisfações, perdeu o valor da vidraça. Generalizando esse raciocínio, chegaremos a esta inesperada conclusão: "a sociedade perde o valor dos objetos inutilmente destruídos"; e também a este aforismo que arrepiará os cabelos dos protecionistas: "quebrar, destruir, dissipar não são incentivo ao trabalho nacional" ou, resumindo, "destruição não é lucro".

Que dirias, *Monitor industrial*, que diríeis, adeptos do bom senhor de Saint-Chamans, que calculou com tanta precisão o quanto a indústria ganharia com o incêndio de Paris em razão das casas que precisariam ser reconstruídas? Aborrece-me perturbar seus engenhosos cálculos, na medida em que ele fez passar seu espírito em nossa legislação. Mas, insisto em recomeçá-los, acrescentando na conta *aquilo que se vê* emparelhado àquilo *que não se vê*.

Cumpre que o leitor tenha o cuidado de constatar que não há apenas dois personagens, mas três, nessa pequena estória que submeti à sua atenção. O primeiro, Jacques Bonhomme, representa o consumidor, limitado pela destruição a uma única satisfação no lugar de duas. O segundo, na figura do vidraceiro, mostra-nos o produtor, para quem o acidente fomenta a indústria. O terceiro é o sapateiro (ou qualquer outro industrial), cujo trabalho é desincentivado pela mesma causa. E esse terceiro personagem que mantemos sempre na sombra, personificando *aquilo que não vemos*, é um elemento necessário do problema. É ele quem nos faz compreender o quanto é absurdo enxergar um ganho em uma destruição. É ele que logo nos ensinará que não é menos absurdo enxergar um ganho em uma restrição, a qual, no fim das contas, não é senão uma destruição parcial. Dessa forma, ide ao fundo de todos os argumentos que se façam valer a favor disso, e não encontrareis senão a paráfrase deste ditado vulgar: "O que seria dos vidraceiros caso as vidraças nunca fossem quebradas?".

II. A DISPENSA

Vale para um povo como para um homem; quando este quer dar a si a satisfação de uma necessidade, cabe-lhe ponderar se ela vale o que custa. Para uma nação, a segurança é o maior dos bens. Se, para adquiri-la, é necessário mobilizar cem mil homens e gastar cem milhões, não tenho nada a dizer. Trata-se de um gozo pago com um sacrifício. Que não se entenda mal o alcance de minha tese. Um representante propõe a demissão de cem mil homens para aliviar cem milhões de contribuintes. Se a resposta a essa proposta limitar-se a "esses cem mil homens e esses cem milhões são indispensáveis à segurança nacional; é um sacrifício, mas sem tal sacrifício a França seria despedaçada pelas facções ou invadida pelo estrangeiro", não tenho nada a opor contra esse argumento, que pode ser verdadeiro ou falso, mas que não comporta, teoricamente, heresia econômica. A heresia começa quando pretende-se representar o próprio sacrifício como uma vantagem porque ele beneficia alguém.

Ora, se eu não estiver bem enganado, um orador se precipitará contra o autor da proposição mal tendo ele descido da tribuna: "Demitir cem mil homens! Pensas nisso? O que será deles? Do que viverão? Será do trabalho? Mas não sabes que falta trabalho por toda parte, que todas as carreiras estão saturadas? Queres colocá-los na rua para aumentar a concorrência no mercado e, por consequência, pesar sobre as taxas dos salários? No momento em que é tão difícil ganhar a pobre vida, não é uma ação feliz o Estado doar pão a cem mil indivíduos? Além do mais, percebas que o exército consome vinho, roupas, armas, que assim ele expande a atividade nas fábricas, nas cidades militarizadas, e que ele é, definitivamente, a providência de seus inúmeros fornecedores. Não te arrepia a ideia de aniquilar essa imensa atividade industrial?".

Esse discurso, podemos ver, conclui pela manutenção dos cem mil soldados, abstraindo as necessidades do serviço, e por considerações econômicas. São apenas essas considerações que pretendo refutar. Cem mil homens, custando aos contribuintes cem milhões, são sustentados e sustentam seus fornecedores à medida que cem milhões podem durar: *isso é o que se vê*. Contudo, cem milhões retirados do bolso dos contribuintes deixam de sustentar estes e seus fornecedores, à medida que cem milhões podem durar: *isso é o que não se vê*. Calculai, estimai e dizei-me onde está o proveito para a massa? De minha parte, responder-vos-ei onde está o *prejuízo*, e, para simplificar, no lugar de falar em cem mil homens e cem milhões, raciocinemos sobre um homem e mil francos.

Eis a cidade de A. Os recrutadores fazem a ronda e levam dela um homem; os cobradores de impostos fazem a sua ronda e recolhem mil francos. O homem e a soma são levados a Metz, que está destinada a sustentar aquele que ficará desocupado durante um ano. Se olhardes apenas para Metz, oh! Tereis cem vezes razão, a medida é muito vantajosa. Todavia, se vossos olhos se voltarem à cidade de A, vosso julgamento será outro, pois basta não ser cego para ver que essa cidade perdeu um trabalhador e os mil francos que remunerariam seu trabalho, além da atividade que, ao custo desses mil francos, o homem realizaria na cidade.

À primeira vista, parece ter havido compensação. O fenômeno que ocorria no vilarejo agora ocorre em Metz, e isso é tudo. Mas aqui está o prejuízo: no vilarejo, um homem arava e cultivava, era um trabalhador. Em Metz, ele gira a cabeça para a direita e para a esquerda, é um soldado. O dinheiro e a circulação são os mesmos nos dois casos, mas, no primeiro, havia trezentos dias de trabalho produtivo; no segundo, há trezentos dias de trabalho improdutivo — sempre supondo que uma parte do exército não é indispensável à segurança pública.

Agora vem a demissão. Indicai-me um aumento de cem mil trabalhadores, a concorrência estimulada e a pressão que ela exerce sobre as taxas dos salários. Isso é aquilo que vedes. Todavia, eis aquilo que não vedes: não se vê que dispensar cem mil soldados não significa anular cem milhões, mas, sim, devolvê-los aos contribuintes. Não vedes que jogar, assim, cem mil trabalhadores no mercado é jogar também, ao mesmo tempo, os cem milhões destinados a pagar seu trabalho no mesmo mercado, e que isso, consequentemente, à mesma medida que aumenta a *oferta* de braços também aumenta a *demanda*; daí depreende-se que vossa baixa dos salários é ilusória. Não vedes que, tanto antes quanto após a demissão, há no país cem milhões correspondentes a cem mil homens, e que toda a diferença consiste nisto: antes, o país entrega os cem milhões aos cem mil homens para que não façam nada; depois, entrega-lhes essa quantia para que trabalhem. Não vedes, enfim, que, quando o contribuinte dá seu dinheiro — seja a um soldado em troca de nada, seja a um trabalhador em troca de alguma coisa —, todas as consequências ulteriores da circulação desse dinheiro são as mesmas nos dois casos. A única diferença é que, no segundo caso, o contribuinte recebe alguma coisa, ao passo que, no primeiro, não recebe nada. Resultado: uma perda seca para a nação.

O sofisma que combato aqui não resiste à prova da progressão, que é a pedra de toque de todos os princípios. Se, com tudo compensado e todos os interesses examinados, há vantagem nacional com o aumento do exército, então por que não recrutar sob os estandartes toda a população viril do país?

III. O IMPOSTO

Já escutastes dizer:

"O imposto é o melhor investimento. É um orvalho fecundo. Vede quantas famílias ele sustenta, e segui com o pensamento suas reverberações na indústria: é o infinito, é a vida".

Para combater essa doutrina, sou obrigado a reproduzir a refutação precedente. A economia política sabe bem que seus argumentos não são divertidos o suficiente para que se possa dizer: *Repetita placent*.[41] Também, como Basile, ela ajustou o provérbio a seu uso, convencida em sua boca, *Repetita docent*.[42]

As vantagens que os funcionários públicos encontram na remuneração *é o que se vê*. O bem que resulta para seus fornecedores *é aquilo que ainda não se vê*; isso arranca os olhos do corpo. Mas as desvantagens que os contribuintes provam ao pagar são *aquilo que não se vê*, e o dano que resulta disso para seus fornecedores *é aquilo que não se vê ainda mais*; já isso deve ter saltado aos olhos do espírito. Quando um funcionário gasta em benefício próprio *cem centavos a mais*, isso implica que o contribuinte tem para seu próprio benefício *cem centavos a menos*. Mas o gasto do funcionário *se vê*, porque ele acontece, ao passo que o gasto do contribuinte *não se vê*, pois, infelizmente, impedem-lhe de consumá-lo.

Comparais a nação a uma terra ressecada, e o imposto, a uma chuva fecunda. Que seja. Mas deveríeis questionar-vos também onde estão as fontes dessa chuva, e se não é precisamente o imposto que drena a umidade do solo e o resseca. Deveríeis questionar-vos ainda mais: será possível que o solo receba tanto dessa preciosa água pela chuva quanto a perde pela evaporação?

É muito significativo que, quando Jacques Bonhomme paga cem centavos ao cobrador de impostos, ele nada recebe em troca. Quando, seguidamente, um funcionário público, gastando seus cem centavos, entrega-os a Jacques Bonhomme, ele os converte em um valor igual em trigo ou trabalho. Para Jacques Bonhomme, o resultado definitivo é uma perda de cinco francos. É bem verdade que, muitas vezes, quiçá na grande maioria dos casos, o funcionário público entrega para Jacques Bonhomme um serviço equivalente. Nesse caso, não há perda; nem de um lado nem do outro. Há tão somente uma troca. Assim sendo, minha argumentação não se endereça, em absoluto, às funções úteis. Afirmo o seguinte: se quiserdes criar uma função, provai sua utilidade. Demonstrai que ela vale para Jacques Bonhomme, na forma dos serviços entregues a ele, o equivalente àquilo que lhe custa. Entretanto, abstraindo essa utilidade intrínseca, não invoqueis

---

41. "A repetição agrada." Aforismo latino de Horácio que significa que certas obras são tão mais prazerosas quanto mais for repetida sua leitura. (N.T.)

42. "A repetição ensina." (N.T.)

como argumento a vantagem que ela confere ao funcionário, à sua família, aos seus fornecedores; não alegueis que ela favorece o trabalho.

Jacques Bonhomme dar cem centavos para um funcionário público em troca de um serviço realmente útil é exatamente como se os desse a um sapateiro em troca de um par de sapatos. Dar e receber: ambas as partes saem quites. Porém, quando Jacques Bonhomme entrega cem centavos a um funcionário público e não recebe serviço algum, ou até mesmo adquire constrangimentos, é como se ele entregasse o dinheiro a um ladrão. De nada serve dizer que o funcionário gastará seus cem centavos em benefício do *trabalho nacional*; da mesma forma o teria feito o ladrão ou Jacques Bonhomme, caso não tivesse encontrado em seu caminho nem o parasita extralegal nem o parasita legal.

Habituemo-nos, então, a não julgar as coisas unicamente por aquilo que *vemos*, mas também por *aquilo que não vemos*.

No ano passado, eu estava no comitê das finanças, pois, segundo o constituinte, os membros da oposição não eram sistematicamente excluídos de todas as comissões. Nisso o constituinte agia sabiamente. Então, escutamos o senhor Thiers dizer: "Passei minha vida a combater os homens do partido legitimista e do partido do clero. Desde que o perigo comum nos aproximou, desde que passei a conviver com eles, que os conheci, que nos falamos de coração aberto, percebi que eles não são os monstros que eu havia imaginado!".

De fato, os desconfiados exageram, os ódios são exaltados entre os partidos que não se misturam. Não obstante, se a maioria deixasse entrar no seio das comissões alguns membros da minoria, talvez reconhecer-se-ia, de ambas as partes, que as ideias não são tão distantes e, sobretudo, que as intenções dos outros não são tão perversas quanto se supõem.

Seja como for, no ano passado eu participava do comitê das finanças. Toda vez que um de nossos colegas falava em fixar uma cifra moderada para os vencimentos do presidente da República, os ministros e embaixadores respondiam-lhe: "Para o próprio bem do serviço, certas funções devem ser envoltas em prestígio e dignidade. Esse é o meio de atrair para elas homens de mérito. Inúmeros infortúnios acometem o presidente da República, e seria penoso forçá-lo a sempre recusá-los. Uma certa representação nos salões ministeriais e diplomáticos é uma das partes essenciais dos governos constitucionais, etc., etc.".

Apesar da controvérsia que envolve tais argumentos, eles certamente merecem um exame sério. São fundados sobre o interesse público, bem ou mal apreciados. E, quanto a mim, levo-os mais a sério que muitos de nossos Catões,[43] que são movidos por um estreito espírito de mesquinhez e inveja. Mas o que revolta a minha consciência de economista, o que me faz enrubescer pela renomada intelectualidade de meu país, é quando se diz (o que é feito amiúde) esta banalidade absurda e sempre favoravelmente acolhida: "Ademais, o luxo dos grandes funcionários encoraja as artes, a indústria, o trabalho. O chefe de Estado e seus ministros, quando realizam festins e eventos de gala, necessariamente fazem circular a vida em todas as veias do corpo social. Reduzir seus vencimentos significa deixar à míngua a indústria parisiense e, consequentemente, a indústria nacional".

Tende dó, senhores. Respeitai pelo menos a aritmética e não venhais dizer, diante da Assembleia Nacional da França — por medo de que, de vergonha, ela não vos aprove —, que uma adição resulta numa soma diferente de acordo com a maneira como a realizamos; de cima para baixo ou de baixo para cima.

Que seja! Vou contratar um jardineiro para que ele faça uma canaleta em meu campo ao preço de cem centavos. Na hora de pagar pelo serviço, o cobrador de impostos toma de mim o mesmo valor e o destina ao ministro do interior. Minha negociação é rompida, mas o senhor ministro acrescentará um prato a mais em seu jantar. Com base em que ousais afirmar que esse gasto oficial é um aumento acrescido à indústria nacional? Não compreendeis que aqui não há senão um deslocamento da satisfação e do trabalho? Um ministro tem sua mesa mais bem guarnecida, é verdade; mas um agricultor tem um campo menos drenado, o que é igualmente verdadeiro. Um fornecedor parisiense ganhou cem centavos, estou de acordo; mas concordai comigo que um fornecedor interiorano deixou de ganhar cinco francos. Tudo o que podemos dizer é que o prato oficial e seu fornecedor satisfeito são *aquilo que se vê*; o campo alagado[44] e o fornecedor sem trabalho são *aquilo que não se vê*.

---

43. Provavelmente, essa é uma referência a Catão, o Velho (234 a.C.-149 a.C.), destacado político da República romana que ficou conhecido pelo conservadorismo e pela incitação à guerra contra Cartago. (N.T.)
44. No original, *noyé*: afogado. (N.T.)

Bom Deus! Como é difícil provar, em matéria de economia política, que dois e dois fazem quatro, e, caso se consiga, então exclama-se: "É tão claro que é entediante!". Em seguida, votam como se nada, jamais, tivesse sido provado.

IV. TEATROS E BELAS-ARTES

Deveria o Estado subsidiar as artes? Decerto que sobre esse tema há muito a ser dito, a favor e contra.

Pode-se dizer, a favor do sistema de subsídios, que as artes expandem, elevam e poetizam a alma de uma nação, que a arranca das preocupações materiais, dão-lhe o sentimento do belo e, dessa forma, agem favoravelmente sobre suas maneiras, seus hábitos, seus costumes e, mesmo, sobre sua indústria. Podemos nos perguntar onde estaria a música na França sem o teatro italiano e o conservatório; a arte dramática sem o teatro francês; a pintura e a escultura sem nossas coleções e nossos museus. Podemos ir mais além e perguntar se, sem a centralização e o subsequente subsídio às belas-artes, o gosto requintado por elas teria se desenvolvido, este que é o nobre apanágio do trabalho francês e que impõe seus frutos ao universo inteiro. Na presença de tais resultados, não seria uma grande imprudência renunciar a essa módica contribuição de todos os cidadãos que, definitivamente, realiza na Europa a sua superioridade e sua glória?

Contra essas razões, e muitas outras, das quais não contesto a força, podemos opor outras não menos fortes. Poderíamos dizer que há, a princípio, uma questão de justiça distributiva. O direito do legislador pode se estender até lapidar o salário do artesão para constituir um suplemento dos benefícios do artista? O senhor Lamartine dizia: "Se suprimísseis o subsídio de um teatro, onde iríeis parar nesse caminho? Não seríeis logicamente conduzidos a suprimir vossas faculdades, vossos museus, institutos e vossas bibliotecas?". Contra isso podemos responder: se quiserdes subsidiar tudo aquilo que é bom e útil, onde ireis parar nesse caminho? Não seríeis logicamente conduzidos a constituir uma lista civil para a agricultura, a indústria, o comércio, a caridade e a educação? Ademais, é certo que os subsídios favorecem o progresso das artes?

Essa é uma questão que está longe de ser resolvida, e vemos com nossos próprios olhos que os teatros que prosperam são aqueles que caminham com suas próprias pernas. Enfim, propondo-nos a considerações mais elevadas, podemos deduzir que as necessidades e os desejos nascem uns dos outros e movem-se para regiões cada vez mais depuradas à medida que a riqueza pública permite que se satisfaçam. Outrossim, o governo não deve, em absoluto, envolver-se com essa correspondência, pois, no presente estado da fortuna atual, ele não poderia estimular — por meio de impostos — as indústrias de luxo sem melindrar as indústrias de primeira necessidade, intervindo, dessa forma, no caminho natural da civilização. Ainda podemos atentar para a hipótese de que esses deslocamentos artificiais das necessidades, dos gostos, do trabalho e da população inserem os povos numa situação precária e perigosa, que não tem mais base sólida.

Eis algumas das razões alegadas pelos adversários da intervenção estatal no que concerne à ordem em que os cidadãos creem dever satisfazer suas necessidades e seus desejos; consequentemente, dirigir suas atividades. Confesso que sou um dos que pensam que a escolha, o impulso, devem vir de baixo, não do alto; dos cidadãos, não do legislador. E a doutrina contrária parece-me conduzir à anulação da liberdade e da dignidade humana.

Mas, por uma dedução tão falsa quanto injusta, sabeis de que acusam os economistas? De que, quando rejeitamos o subsídio, rejeitamos a própria coisa que se pretende subsidiar, e de sermos os inimigos de todos os gêneros de atividades, porque queremos que essas atividades sejam, por um lado, livres e, por outro, procurem em si mesmas sua própria recompensa. Dessa forma, reivindicamos que o Estado não intervenha, por meio dos impostos, nas matérias religiosas? Então, somos ateus. Reivindicamos que o Estado não intervenha, por meio dos impostos, na educação? Então, odiamos as luzes. Dizemos que o Estado não deve conferir, por meio dos impostos, um valor fictício à terra e a tal setor industrial? Então, somos os inimigos da propriedade e do trabalho. Pensamos que o Estado não deve subsidiar os artistas? Então, somos bárbaros que julgam as artes inúteis.

Protesto, aqui, com todas as minhas forças, contra essas deduções. Estamos longe de manter o absurdo pensamento de anular a religião, a educação, a propriedade, o trabalho e as artes quando, na verdade, reivindicamos que o Estado proteja o livre desenvolvimento de todas essas categorias de atividade humana sem as subornar, umas à custa das outras. Cremos, ao contrário, que todas essas forças vivas da sociedade se desenvolveriam harmoniosamente sob a influência da liberdade, assim nenhuma delas se tornaria, como vemos hoje, uma fonte de transtornos, de abusos, de tirania e desordem.

Nossos adversários creem que uma atividade que não seja nem subornada nem regulamentada é uma atividade aniquilada. Nós acreditamos no contrário. A fé deles está no legislador, não na humanidade; a nossa está na humanidade e não no legislador.

Assim, o senhor Lamartine dizia: "Em nome desse princípio, é preciso *abolir* as exposições públicas que constituem a honra e a riqueza deste país!". Respondo-lhe: Em teu ponto de vista, não subsidiar significa *abolir*, pois, partindo desse pressuposto de que nada existe senão pela vontade do Estado, concluis que algo só pode viver quando o imposto o faz viver. Mas retorno contra ti o exemplo que escolheste, saliento que a maior, a mais nobre das exposições, aquela que foi concebida pelo pensamento mais liberal, mais universal e — posso, inclusive, servir-me da palavra — humanitário, que não está sendo objeto de exagero, é a exposição que vem sendo preparada em Londres, a única na qual nenhum governo se intromete e nenhum imposto suborna.[45]

Retornando às belas-artes, é possível, repito, argumentar com boas razões a favor e contra o sistema de subsídios. O leitor compreende que, para ater-me ao objeto especial deste escrito, não tenho nem que expor e nem que decidir entre essas razões. Mas o senhor Lamartine interpôs anteriormente um argumento que não posso deixar passar em silêncio, pois entra no círculo específico deste estudo econômico. Ele disse:

> A questão econômica, relativamente ao teatro, resume-se em uma única palavra: trabalho. Pouco importa a natureza desse trabalho, pois é um

---

45. Provavelmente, o autor se refere à Grande Exposição de 1851, em Londres. No século XIX houve diversas exposições universais nas quais cada nação pretendia expor ao mundo os avanços de suas indústrias e ciências. A Exposição de 1851 ficou marcada pelo Palácio de Cristal, uma imensa construção pioneira na arquitetura que combinava ferro e vidro e que viria a se tornar um dos ícones da era vitoriana. Para a realização da feira, houve grande patrocínio privado. (N.T.)

trabalho tão fecundo, tão produtivo quanto qualquer outro tipo de trabalho em uma nação. Sabeis que os teatros na França não alimentam e assalariam menos do que oitenta mil operários de todos os tipos, pintores, pedreiros, decoradores, figurinistas, arquitetos, etc., que são a própria vida e o movimento de vários bairros desta capital e, a este título, devem obter vossas simpatias!

— Vossas simpatias! — traduzindo: vossos subsídios. E, mais adiante: Os prazeres de Paris são o trabalho e o consumo das lojas, e os luxos do rico são o salário e o pão de duzentos mil trabalhadores de todo tipo, que vivem da indústria tão diversificada dos teatros na superfície da República, e recebem desses nobres prazeres — que ilustram a França — o alimento de sua vida e o necessário para suas famílias e seus filhos. É a estes que dareis esses 60.000 francos.

(Muito bem! Muito bem! Todos aprovam.)

De minha parte, sou forçado a dizer: *Muito mal! Muito mal!* Restringindo, a bem entender, esse julgamento ao argumento econômico que aqui está em questão. Sim, é para esses trabalhadores do teatro que irão, pelo menos em parte, os 60 mil francos em questão. Algumas migalhas poderão perder-se no caminho. Talvez, se investigássemos a coisa de perto, descobrir-se-ia que o bolo desandou. Felizes dos trabalhadores se sobrassem-lhes algumas migalhas! Mas quero considerar que o subsídio inteiro chegará aos pintores, decoradores, figurinistas, cabeleireiros, etc. *Isso é o que se vê.*

Entretanto, de onde vem esse subsídio? Eis o *reverso* da questão, tão importante a se examinar quanto a *face*. Onde está a fonte desses 60 mil francos? E para onde iriam se um voto legislativo não os destinasse à rua Rivoli e, de lá, para a rua Grenelle? *Isto é o que não se vê.* Seguramente, ninguém ousará defender que o voto legislativo eclodiu essa soma na urna eleitoral, que ela é uma pura adição ao tesouro nacional, que, sem esse voto milagroso, esses 60 mil francos teriam ficado para sempre invisíveis e impalpáveis. É deveras necessário admitir que tudo o que a maioria pôde fazer foi decidir que esse dinheiro fosse tomado de algum lugar para ser enviado a algum outro, e que ele só receberia uma destinação quando fosse desviado de uma outra.

Estando a coisa assim posta, de forma clara, o contribuinte que terá sido taxado em um franco não terá mais esse franco à sua disposição.

Está claro também que ele será privado de alguma satisfação na medida de um franco, e que o trabalhador — qualquer que seja este — a quem o contribuinte teria procurado será privado de salário na mesma medida. Portanto, não criemos essa pueril ilusão de crer que o voto do 16 de maio *acrescenta* o que quer que seja ao bem-estar do trabalhador nacional. Ele *desloca* os usufrutos, ele *desloca* os salários, eis tudo. Dirão que, a certo gênero de satisfação e de trabalho, o voto substitui por outras satisfações e trabalhos mais urgentes, mais morais, mais razoáveis? Eu poderia lutar nesse terreno. Poderia dizer: ao arrancar 60 mil francos dos contribuintes, vós diminuís os salários dos lavradores, dos escavadores, dos carpinteiros, dos ferreiros e aumentais, nessa mesma medida, os salários dos cantores, cabeleireiros, decoradores e figurinistas. Nada prova que essa última classe profissional seja mais interessante que aquela. O senhor Lamartine não o alega. Ele diz que o trabalho dos teatros é *tão* fecundo, *tão* produtivo (e não *mais*) que qualquer outro, o que ainda poderia ser contestado. Pois a melhor prova de que o segundo não é tão fecundo quanto o primeiro é que este é convocado a subornar aquele.

Porém, essa comparação entre o valor e o mérito intrínsecos das diversas naturezas de trabalho não faz parte de meu tema atual. Tudo o que tenho a fazer aqui é mostrar que, se o senhor Lamartine e as pessoas que aplaudiram sua argumentação enxergaram, com o olho esquerdo, os salários ganhos pelos fornecedores dos atores, eles deveriam ter enxergado, com o olho direito, os salários perdidos pelos fornecedores dos contribuintes. Esse é um erro pelo qual esses senhores se expuseram ao ridículo de confundir um *deslocamento* por um *ganho*. Se seguissem à risca as consequências de sua doutrina, reivindicariam subsídios ao infinito, pois o que é verdadeiro para um franco e 60 mil francos também o é, em circunstâncias idênticas, para um bilhão de francos.

Quando se trata de impostos, senhores, provai sua utilidade com razões substanciais, e não, em absoluto, com a asserção lamentável "as despesas públicas sustentam a classe trabalhadora". Esta contém o erro de dissimular um fato essencial, a saber, que os *gastos públicos* substituem *sempre gastos privados* e que, consequentemente, sustentam um trabalhador em vez de outro, mas nada acrescentam ao lote da classe trabalhadora considerada em massa. Vossa argumentação está bem em voga, mas é demasiadamente absurda para que a razão não tenha razão.

V. TRABALHOS PÚBLICOS

Que uma nação, após ter-se assegurado de que um grande projeto deve beneficiar a comunidade, execute esse empreendimento por meio de um rateio comum, nada de mais natural. Mas devo confessar que perco a paciência quando escuto alegarem, com base em tal resolução, este disparate econômico: "Isto é, aliás, o meio de criar trabalho para os trabalhadores".

O Estado abre uma estrada, edifica um palácio, endireita uma rua, abre um canal; dessa forma, dá oportunidade de trabalho para certos operários, *isso é o que se vê*. No entanto, priva de trabalho alguns outros operários, *isso é o que não se vê*.

Eis a estrada em curso de execução. Mil operários chegam todas as manhãs, retiram-se todas as noites, levam seu salário; isso é verdadeiro. Caso a estrada não tivesse sido decretada, os fundos não tivessem sido aprovados por votação, então, essa brava gente não teria lá se reunido, nem o trabalho, nem o salário; isso também é verdadeiro. Mas isso é tudo? A operação, em sua totalidade, não engloba outra coisa? No momento em que o senhor Dupin pronuncia as palavras sacramentais "a assembleia adotou", milhões descem milagrosamente por um raio lunar até os cofres dos senhores Fould e Bineau?[46] Para que a evolução, como se diz, seja completa, não é necessário que o Estado organize a receita tão bem quanto a despesa? Que coloque seus cobradores de impostos em campanha e seus contribuintes em contribuição?

Estudai, pois, a questão em seus dois elementos. Constatando por completo a destinação que o Estado dá aos milhões aprovados por votação, não deixeis de constatar também a destinação que os contribuintes teriam dado — e não podem mais dar — a esses mesmos milhões. Então, compreendereis que um empreendimento público é uma moeda com duas faces. Sobre uma delas figura um operário ocupado nessa divisa: *o que se vê*. Na outra face, um operário desocupado nessa divisa: *o que não se vê*.

O sofisma que combato neste escrito é tão mais perigoso, aplicado aos trabalhos públicos, quando serve para justificar os empreendimentos e as prodigalidades mais insanos. Quando uma estrada de ferro ou uma ponte

---

46. Então, ministros de Estado e finanças. (N.T.)

têm utilidade real, basta — para justificar sua implementação — que se invoque tal utilidade. Mas, quando não é possível fazê-lo, o que fazem? Recorrem a esta mistificação: "É necessário obter trabalho para os operários". Dito isso, ordenam que terraços sejam feitos e desfeitos no Campo de Marte. O grande Napoleão, sabemos, acreditava fazer obra filantrópica ao determinar que fossos fossem cavados e soterrados. Ele também dizia: "De que importa o resultado? O que importa é ver a riqueza distribuída entre as classes trabalhadoras".

Vamos ao fundo das coisas. O dinheiro nos ilude. Requisitar o apoio, sob a forma financeira, de todos os cidadãos para uma obra comunitária trata-se, em realidade, de requisitar-lhes algo natural, pois cada um deles obtém, por meio do trabalho, a soma que lhe fora taxada. Ora, caso reunissem todos os cidadãos para fazê-los executar, por prestações, uma obra útil a todos, isto poder-se-ia compreender; a recompensa estaria nos resultados da própria obra. Mas se, após serem convocados, fossem obrigados a construir estradas nas quais ninguém passaria, palácios onde ninguém moraria, e isso sob o pretexto de dar-lhes trabalho, eis o que seria um absurdo ao qual eles certamente objetariam: "Desse trabalho não temos nada a fazer. Preferimos trabalhar por conta própria!". O caso no qual os cidadãos participam com dinheiro, em vez de trabalho, nada muda nos resultados gerais. A diferença é que no último caso a perda seria dividida por todo mundo. No outro, aqueles a quem o Estado ocupa escapam de sua parte no prejuízo, juntando a ela o que seus compatriotas já submeteram.

Há um artigo na Constituição que diz: "A sociedade promove e incentiva o desenvolvimento do trabalho (...) pelo estabelecimento do Estado, dos departamentos e dos municípios, os trabalhos públicos próprios a empregar os braços desocupados".

Como medida temporária, em tempo de crise, durante um inverno rigoroso, essa contribuição do contribuinte pode ter bons efeitos. Ela age no mesmo sentido que os seguros. Ela nada acrescenta nem ao trabalho nem ao salário, mas ela toma do trabalho e dos salários nos tempos de normalidade para dar — com alguma perda, é verdade — às épocas difíceis. Entretanto, como medida permanente, geral, sistemática, isso é tão somente uma mistificação destrutiva, uma impossibilidade, uma contradição que mostra um pouco de trabalho estimulado, que *podemos ver*, e esconde muito trabalho impedido, que *não podemos ver*.

VI. OS INTERMEDIÁRIOS

A sociedade é o conjunto dos serviços que os homens fornecem, forçosa ou voluntariamente, uns aos outros, quer dizer, os *serviços públicos* e os *serviços privados*. Os primeiros, impostos e regulamentados pela lei, que não é facilmente alterável quando necessário, podem sobreviver por muito tempo, junto da lei, sobrevida que pode ultrapassar sua utilidade e conservar ainda o nome de serviços públicos — mesmo quando não são mais serviços, mesmo quando não são mais que aborrecimentos públicos. Os segundos pertencem ao domínio da vontade e da responsabilidade individual. Cada um os presta e recebe por eles o quanto quiser, o quanto puder, após embate com a concorrência. Os serviços privados têm sempre a seu favor a presunção de utilidade real, que é exatamente medida por seu valor comparativo. É por essa razão que aqueles são frequentemente vítimas de imobilismo, enquanto estes obedecem à lei do progresso.

Por outro lado, o perdurar exagerado dos serviços públicos, por conta da dissipação de forças a que ele conduz, tende a constituir um funesto parasitismo no seio da sociedade; é muito curioso que várias seitas modernas, atribuindo essa característica aos serviços livres e privados, buscam transformar as profissões em funções. Essas seitas erguem-se impetuosamente contra aqueles a quem chamam de *intermediários*. De bom grado, elas suprimiriam o capitalista, o banqueiro, o especulador, o empresário, o mercador e o comerciante acusando-os de interporem--se entre a produção e o consumo para extorquir a ambos, sem lhes dar nenhum valor. Ou, mais precisamente, essas seitas gostariam de transferir para o Estado a tarefa que aqueles realizam, pois essa obra não poderia ser suprimida.

O sofisma dos socialistas, nesse assunto, consiste em mostrar ao público aquilo que ele paga aos intermediários em troca de seus serviços e esconder aquilo que seria necessário pagar ao Estado. Trata-se sempre da luta contra aquilo que atinge os olhos e aquilo que não se mostra à mente, entre *o que se vê* e *o que não se vê*.

Foi, sobretudo, em 1847, e à ocasião da escassez, que as escolas socialistas buscaram e conseguiram popularizar sua funesta teoria. Elas bem sabiam que até a propaganda mais absurda sempre tem alguma chance de cativar os homens que sofrem; *malesuada fames*.⁴⁷ Então, com a ajuda de palavras de efeito, "*exploração do homem pelo homem, especulação sobre a fome, monopolização*", elas se dedicam a denegrir o comércio e a encobrir suas bênçãos. Esses socialistas diziam: "Por que deixar a cargo dos comerciantes a tarefa de ir buscar o sustento nos Estados Unidos e na Crimeia? Por que o Estado, os departamentos e os municípios não organizam, por conta própria, um serviço de abastecimento e estoques de reserva? Eles venderiam a *preço de custo*, então o povo, o pobre povo, seria libertado do tributo que paga ao livre-comércio, ou melhor, ao egoísta, individualista e anárquico".

O tributo que o povo paga ao comércio é *aquilo que se vê*. O tributo que o povo pagaria ao Estado ou a seus agentes, no sistema socialista, é *aquilo que não se vê*.

Em que consiste esse pretenso tributo que o povo paga ao comércio? Nisto: que dois homens se prestem mutuamente serviço, em completa liberdade, sob a pressão da livre concorrência e a um preço acordado. Quando o estômago que tem fome está em Paris, e o trigo que pode satisfazê-lo está em Odessa, o sofrimento só pode cessar na condição em que o trigo se aproxima do estômago. Há três meios para que tal aproximação ocorra: 1. Os próprios homens famintos podem ir buscar o trigo. 2. Eles podem procurar aqueles que se encarregam desse ofício (importar o trigo). 3. Eles podem tributar-se e encarregar funcionários públicos para a operação. Desses três meios, qual é o mais vantajoso? Em todas as épocas, em todos os países, proporcionalmente mais conforme eles são mais livres, mais esclarecidos, mais experimentados, os homens têm *voluntariamente* escolhido o segundo meio. Confesso que isso é suficiente, aos meus olhos, para colocar a presunção desse lado. Minha mente se recusa a admitir que a humanidade em massa se engane sobre um ponto que tem para ela tanta importância.

Ainda assim, examinemos um pouco mais: a hipótese de que trinta e seis milhões de cidadãos partam até Odessa em busca do trigo de que necessitam é evidentemente inexecutável. O primeiro meio não vale nada.

---

47. "A fome é má conselheira". Um dito latino escrito por Virgílio no canto VI de *Eneida*, quando da descrição das entidades terríveis que guardavam a entrada do submundo: a personificação da fome seria uma delas. (N.T.)

Os consumidores não podem agir sozinhos, forçosamente eles devem recorrer a intermediários, funcionários públicos ou comerciantes. Observemos, todavia, que esse primeiro meio seria o mais natural. No fundo, cabe àquele que tem fome ir buscar seu trigo. Trata-se de uma *pena* que lhe concerne, é um *serviço* que ele presta a si mesmo. Caso algum outro indivíduo, qualquer que seja seu título, preste esse serviço ao primeiro e tome para si mesmo essa pena, então ele tem direito a uma compensação. O que digo aqui é para constatar que os serviços dos intermediários contêm, em si, o princípio da remuneração.

Seja como for, como é necessário recorrer àquele que os socialistas chamam de parasita, qual dentre eles, o negociante ou o funcionário público, é o mais exigente?

O comércio (suponho-o livre; como poderia raciocinar sem isso?); o comércio, afirmo-o, é levado pelo interesse a estudar as estações, a verificar diariamente o estado das colheitas, a receber informações de todos os cantos do mundo, a antecipar demandas, a se precaver antecipadamente. Ele tem embarcações prontas, correspondentes em toda parte, e seu interesse imediato é comprar ao melhor preço possível, economizar em todos os detalhes da operação e alcançar os maiores resultados com os menores esforços. Não são apenas os comerciantes franceses, mas os comerciantes do mundo inteiro, que se ocupam com o abastecimento da França para o dia da necessidade; e se o interesse os leva inexoravelmente a cumprir sua tarefa aos menores custos, a concorrência que eles formam entre si os leva de forma igualmente inexorável a beneficiar os consumidores com todas as economias realizadas. Uma vez tendo chegado o trigo, o comércio tem interesse em vendê-lo o mais cedo possível para apagar seus riscos, alcançar seus fundos e recomeçar, se for o caso. Dirigido pela comparação dos preços, o comércio distribui os alimentos por toda a extensão do país, começando sempre pelo ponto mais caro, o que significa onde a necessidade se faz mais presente. Portanto, não é possível imaginar uma *organização* mais bem calculada para o interesse daqueles que têm fome, e a beleza dessa organização — despercebida pelos socialistas — resulta precisamente do fato de ela ser livre. Em verdade, o consumidor é obrigado a reembolsar o comerciante por seus custos de transporte, de transbordos, de armazenamento, de comissão, etc. Mas em qual sistema aquele que come o trigo não precisa reembolsar os custos necessários para o transporte da mercadoria? Há de se pagar também a remuneração do *serviço prestado*, mas a quotização dessa remuneração é reduzida ao *mínimo possível* graças à concorrência. Ademais, quanto à justiça desse pagamento, seria estranho que os artesãos de Paris não trabalhassem para os comerciantes de Marselha, considerando que os negociantes de Marselha trabalham para os artesãos de Paris.

Caso, segundo a invenção dos socialistas, o Estado substituísse o comércio, o que ocorreria? Suplico para que me assinalem onde acontecerá a economia para o público. Estará no preço da compra? Contudo, mesmo que se imaginem os representantes de quatro mil municípios chegando juntos a Odessa em um dia determinado, que se imagine o efeito nos preços, isso afetaria os custos? Mas, por acaso, seriam necessários menos navios, menos marinheiros, menos transbordos, menos armazenamentos, ou estar-se-ia dispensado de pagar por todas essas coisas? A baixa dos custos ocorreria por conta do lucro dos comerciantes? Por acaso, vossos representantes e funcionários públicos iriam até Odessa a troco de nada? Por acaso, eles viajarão e trabalharão movidos pelo princípio da fraternidade? Não será preciso que eles vivam? Não será necessário que o tempo deles seja pago? E não credes que isso custará mil vezes mais os dois ou três por cento que ganha o comerciante? Taxa a qual ele está pronto a subscrever? Ademais, imaginai a dificuldade de arrecadar tantos impostos, de repartir tantos alimentos. Imaginai as injustiças, os abusos inseparáveis de uma tal empreitada. Imaginai a responsabilidade que pesaria sobre o governo.

Os socialistas que inventaram essas sandices e que, nos dias infelizes, as inflamam no espírito das massas autodenominam-se, livremente, com o título de *homens avançados*. E isso, com mais perigo do que o mero uso, esse tirano das línguas, ratifica a palavra e o julgamento que ela implica. *Avançados!* Isso supõe que esses senhores têm a vista mais longa que os vulgos, que seu único erro é estarem demasiadamente avançados para o século e que, se ainda não chegou o tempo de suprimir certos serviços livres — pretensos parasitas —, a culpa é do público que está atrasado em relação ao socialismo. Em minha alma e consciência, a verdade é o contrário, e não sei a qual século bárbaro seria necessário remontar para encontrar, acerca desse ponto, o nível de conhecimento dos socialistas.

Os sectários modernos opõem, incessantemente, a associação à sociedade atual. Eles não percebem que a sociedade, sob um regime livre, é uma verdadeira associação, muito superior a todas aquelas que saem de sua fecunda imaginação. Elucidemos isso a partir de um exemplo: para que um homem possa, ao despertar, vestir um traje, é preciso que uma terra tenha sido loteada, limpa, drenada, trabalhada, semeada com um certo tipo de vegetal; é necessário que os rebanhos tenham pastado nessa terra, que eles tenham dado sua lã, que essa lã tenha sido fiada, tecida, tingida e convertida em pano, que esse tecido tenha sido cortado, costurado e transformado em vestimenta. Além disso, essa série de operações implica uma profusão de outras, pois ela supõe o emprego dos instrumentos de arado, de pastoreio, de fábricas, de carvão, de maquinário, de transportes, etc.

Se a sociedade não fosse uma associação deveras real, então aquele que deseja uma roupa seria obrigado a trabalhar isoladamente. Isto é, seria obrigado a realizar, por conta própria, as inumeráveis ações dessa série desde o primeiro golpe de enxada que inicia o processo até o último movimento de agulha que o finaliza. Entretanto, graças à sociabilidade, que é a característica distintiva de nossa espécie, essas operações são distribuídas entre uma multidão de trabalhadores, e elas se subdividem cada vez mais para o bem comum; na medida em que o consumo se torna mais ativo, um ato especial pode alimentar uma indústria nova. Em seguida vem a repartição do produto, que se opera de acordo com o contingente de valor que cada um colocou na obra total. Se não é nisso que consiste a associação, eu pergunto no que seria, então.

Observai que, uma vez que nenhum dos trabalhadores tira do nada nem a menor partícula de matéria, então eles estão limitados a prestarem-se serviços recíprocos, a se entreajudarem numa finalidade comum. Outrossim, todos podem ser considerados, uns aos olhos dos outros, *intermediários*. Se, por exemplo, durante o curso da operação, o transporte se torna importante o suficiente para ocupar uma pessoa, a fiação, uma segunda, e a tecelagem, uma terceira, então por que a primeira pessoa seria vista como mais *parasita* do que as outras duas? Não é preciso que o transporte seja realizado? Aquele que o faz não dispende, para isso, tempo e labor? E não os poupa para seus associados? Estes fazem mais ou outra coisa que aquele? Não são todos igualmente submetidos pela remuneração, isto é, pela partilha do produto, à lei do preço acordado? Não é, em plena liberdade, pelo bem comum, que essa separação dos trabalhos se opera e esses acordos são realizados? Então, por que teríamos a necessidade de que um socialista viesse — sob pretexto de organização — e destruísse despoticamente nossos acordos voluntários, encerrasse a divisão do trabalho e substituísse os esforços isolados pelos esforços associados, fazendo retroceder a civilização?

A associação, tal como aqui a descrevo, torna-se menos associação pelo fato de que cada um, nela, entra e sai livremente, escolhe seu lugar, julga e estipula por conta e responsabilidade próprias, e fornece o impulso e a garantia do interesse individual? Para que ela mereça esse nome, faz-se necessário que um suposto reformador venha impor-nos sua fórmula e sua vontade, e concentre, por assim dizer, a humanidade em si mesmo?

Quanto mais examinamos essas escolas avançadas, mais ficamos convencidos de que, no fundo, há nelas apenas uma coisa: a ignorância proclamando-se infalível e reivindicando o despotismo em nome dessa infalibilidade.

Que o leitor tenha a bondade de perdoar essa digressão. Talvez ela não seja inútil no momento em que, escapadas dos livros são-simonianos, falasterianos e icarianos,[48] as queixas contra os intermediários invadam o jornalismo e a tribuna e ameacem seriamente a liberdade do trabalho e das transações.

VII. RESTRIÇÃO

O Senhor Proibindo (não fui eu quem lhe nomeou, foi o senhor Charles Dupin,[49] que desde... mas então...), o Senhor Proibindo dedicava seu tempo e seus capitais para converter em ferro o minério de suas terras. Como a natureza fora mais generosa para com os belgas, estes forneciam ferro aos franceses por um melhor preço que o Senhor Proibindo, o que significa

---

48. Refere-se a precursores do pensamento socialista francês. Destaca-se o conde de Saint-Simon (1760-1825), a quem se creditam as origens do que viria a ser o socialismo utópico, linha de pensamento que se diferencia do socialismo científico de Marx e Engels. (N.T.)
49. Charles Dupin (1784-1873), além de economista e político francês, é notório por seus trabalhos na Matemática. (N.T.)

que todos os franceses, ou a França, podiam obter uma determinada quantidade de ferro *com menos trabalho* comprando-a dos honestos flamengos. Igualmente guiados por seu interesse, eles não tinham culpa da situação, e, todos os dias, via-se uma multidão de pregadores, ferreiros, fabricantes de carruagens, mecânicos, ferradores e operários ir, por conta própria, ou por meio de intermediários, prover-se na Bélgica. Isso desagradou muito ao Senhor Proibindo.

Inicialmente, veio-lhe a ideia de encerrar esse abuso com suas próprias forças. Era minoria, uma vez que era o único a sofrer com a situação. "Tomarei de minha carabina — disse a si mesmo —, colocarei quatro pistolas em minha cintura, carregarei minha cartucheira, cingirei minha *flamberge*,[50] e irei, assim equipado, até a fronteira. Lá, o primeiro ferreiro, pregador, funileiro, mecânico ou serralheiro que se apresentar para fazer seus negócios e não os meus, matá-lo-ei para ensinar-lhe como se deve viver".

No momento da partida, o Senhor Proibindo fez algumas reflexões que atenuaram um pouco seu ardor belicoso. Disse a si mesmo: "Inicialmente, não é absolutamente impossível que os compradores de ferro, meus compatriotas e inimigos, não levem a coisa a mal, e que, em vez de se deixarem matar, não matem a minha pessoa. Em segundo lugar, mesmo colocando todos os meus criados em marcha, não poderemos cobrir todas as passagens. E, por último, a empreitada me será deveras cara, mais cara do que o resultado jamais valerá". Destarte, o Senhor Proibindo ia tristemente resignar-se a apenas ser livre como todo mundo quando um raio luminoso veio lhe iluminar a cabeça. Ele se lembrou de que há em Paris uma grande fábrica de leis. "Que é uma lei?" – pensou consigo. "Trata-se de uma medida pela qual, uma vez decretada, seja boa ou má, toda pessoa é constrangida a conformar-se. Para a execução da dita cuja, organizam uma força pública e, para constituir tal força pública, tomam homens e dinheiro da nação. Portanto, caso eu conseguisse fazer sair da grande fábrica parisiense uma pequenina lei determinando 'o ferro belga está proibido', então eu alcançaria os seguintes resultados: o governo substituiria os poucos criados que eu enviaria à fronteira por vinte mil filhos dos meus ferreiros, serralheiros, pregadores, marechais, artesãos, mecânicos e operários recalcitrantes. Em seguida, para manter em boa disposição de saúde

---

50. Um tipo de espada, de lâmina encurvada. (N.T.)

e satisfação esses vinte mil funcionários de alfândega, distribuiria para eles vinte e cinco milhões de francos tomados desses mesmos ferreiros, pregadores, artesãos e operários. A guarda seria mais bem feita, não me custaria nada, eu não seria exposto à brutalidade dos antiquários, venderia meu ferro a meu preço e gozaria da doce recreação de ver nosso grande povo vergonhosamente mistificado. Isso ensinar-lhe-ia a proclamar-se incessantemente precursor e promotor de todo o progresso na Europa. Oh! A cena seria pungente e vale a pena tentar!".

Então, o Senhor Proibindo foi para a fábrica de leis. Em outra oportunidade, quem sabe, eu contarei a história de sua ida silenciosa. Hoje, quero apenas falar de suas abordagens ostensivas. Ele defendeu, diante dos senhores legisladores, esta consideração: "O ferro belga é vendido na França por dez francos, o que me obriga a vender o meu pelo mesmo valor. Mas eu preferiria vendê-lo por quinze e não o posso por culpa desse ferro belga; maldito seja. Fabricai uma lei que diga 'o ferro belga não mais entrará na França'. Ato contínuo, aumento meu preço em cinco francos e eis as consequências: para cada cem quilogramas[51] de ferro que entregarei ao público, no lugar de receber dez francos, apanharei quinze, enriquecerei mais rapidamente. Então, estenderei o domínio de minha área de exploração, consequentemente empregarei mais operários. Meus operários e eu gastaremos mais, beneficiando enormemente nossos fornecedores em todas as partes do mundo. Estes últimos, tendo mais saída em suas vendas, farão mais pedidos para a indústria, e, assim, passo a passo, a atividade ganhará todo o país. Essa bem-aventurada peça de cem centavos que fareis parar em meu cofre, como uma pedra que se atira num lago, fará propagar ao longe um infinito número de círculos concêntricos!".

Arrebatados por esse discurso, encantados por descobrirem que é assim fácil aumentar, legislativamente, a fortuna de um povo, os fabricantes de leis votarão pela restrição. "O que se diz sobre trabalho e economia?", perguntarão eles. "Para que esses penosos meios de aumentar a riqueza nacional, uma vez que um mero decreto é suficiente para tanto?"

Com efeito, tivera a lei todas as consequências anunciadas pelo Senhor Proibindo, apenas ela teria tido outras também, pois, concedendo-lhe justiça, ele não havia feito um raciocínio *falso*, mas um raciocínio *incompleto*.

---

51. No original, *quintal*. Uma unidade de peso. (N.T.)

Reivindicando um privilégio, o Senhor Proibindo assinalara os efeitos *que vemos*, deixando nas sombras *aqueles que não vemos*. Ele havia mostrado tão somente dois personagens, quando há três deles em cena. Cabe a nós reparar esse esquecimento involuntário ou premeditado.

Sim, o escudo assim, legislativamente, desviado para o cofre do Senhor Proibindo constitui uma vantagem para ele e para aqueles a quem ele deve incentivar o trabalho. E, se o decreto tivesse feito esse escudo descer da lua, seus bons efeitos não seriam contrabalanceados por alguns efeitos negativos compensatórios. Infelizmente, não é da lua que advém a misteriosa peça de cem centavos, mas, sim, do bolso de algum ferreiro, pregador, fabricante de carruagens, marechal, operário, construtor, em uma palavra, de Jacques Bonhomme, que a entrega hoje sem receber um miligrama de ferro a mais do que em relação ao tempo em que pagava dez francos. À primeira vista, deve-se perceber que isso muda bastante a questão, pois, evidentemente, o *lucro* do Senhor Proibindo é compensado pela *perda* de Jacques Bonhomme, e tudo o que o Senhor Proibindo poderá fazer com esse escudo em prol do trabalho nacional Jacques Bonhomme teria feito por conta própria. A pedra é jogada em um ponto do lago na exata medida em que é legislativamente impedida de ser atirada em outro.

Portanto, *aquilo que não vemos* compensa *aquilo que vemos*, e até aqui resta, como sobra da operação, uma injustiça e uma coisa deplorável! Uma injustiça perpetrada pela lei. Isso não é tudo. Eu disse que sempre deixavam na sombra um terceiro personagem. É necessário que eu o faça aparecer aqui, a fim de que ele nos revele uma *segunda perda* de 5 francos. Então teremos o resultado da volta completa.

Jacques Bonhomme é detentor de 15 francos, fruto de seus suores. Ainda estamos no tempo em que ele é livre. O que faz ele com seus 15 francos? Ele compra um artigo de moda por 10 francos, e é com esse artigo de moda que ele paga (ou que o intermediário paga em seu lugar) os cem quilogramas de ferro belga. Ainda restam 5 francos a Jacques Bonhomme. Ele não os atira no rio, mas (e isto é *o que não se vê*) os dá a um certo industrial em troca de uma certa satisfação, por exemplo, a um livreiro em troca de *Discurso sobre a história universal* de Bossuet.

Desse modo, no que concerne ao trabalho nacional, este é estimulado na medida de 15 francos. A saber:

10 francos que vão para o item de moda parisiense;
5 francos que vão para a livraria.

E quanto a Jacques Bonhomme, ele obtém em troca de seus 15 francos dois objetos de satisfação, a saber:
os cem quilos de ferro;
um livro.

Surge o decreto. O que ocorre com a condição de Jacques Bonhomme? E com a do trabalho nacional?

Uma vez que Jacques Bonhomme entrega seus 15 francos, até a última moeda, para o Senhor Proibindo, em troca de um *quintal* de ferro, então, ele terá, tão somente, a satisfação por esse *quintal*. Ele perde a satisfação referente a um livro ou a qualquer outro objeto equivalente. Ele perde 5 francos. Concordamos, não podemos deixar de concordar, podemos tão somente concordar, que, quando a restrição eleva o preço das coisas, o consumidor perde a diferença.

Mas — dizem — o *trabalho nacional* a ganha. Não, ele não ganha. Pois, a partir do decreto, ele só é estimulado na exata medida de antes; em 15 francos. A única diferença é que, a partir do decreto, os 15 francos de Jacques Bonhomme vão para a metalurgia, enquanto antes eram compartilhados entre o item de moda e a livraria.

A violência que o próprio Senhor Proibindo exerce na fronteira ou a que ele terceiriza por meio da lei podem ser julgadas de forma bastante diversa do ponto de vista moral. Há pessoas que pensam que a espoliação perde toda a sua imoralidade desde que ela seja legal. Quanto a mim, eu não poderia imaginar uma circunstância mais agravante. Seja como for, o que é certo é que os resultados econômicos são os mesmos.

Girai a coisa como quiserdes, mas tende a visão sagaz e vereis que não resulta nada de bom da espoliação, seja ela legal ou ilegal. Não negamos que haja um proveito de 5 francos para o Senhor Proibindo e sua indústria, ou, se se preferir, para o trabalho nacional. Mas afirmamos que daí também resultam duas perdas, uma para Jacques Bonhomme, que paga 15 francos por aquilo que teria por 10; a outra para o trabalho nacional, que não recebe mais a diferença. Escolhei qual dentre essas duas perdas desejais compensar o proveito que confessamos. A outra consistirá em, apenas, uma *perda seca*.

Moral da história: violentar não é produzir, é destruir. Oh! Se violentar fosse produzir, nossa França seria mais rica que o possível.

VIII. AS MÁQUINAS

"Maldição sobre as máquinas! A cada ano sua potência progressiva concorre para o pauperismo de milhões de operários, tirando-lhes o trabalho, com o trabalho, o salário, com o salário, o pão! Maldição sobre as máquinas!"

Eis o brado que se eleva do preconceito vulgar, e cujo eco ressoa nos jornais. Porém, maldizer as máquinas é maldizer o espírito humano! O que me confunde é o fato de que se possa encontrar um homem que se sinta confortável numa tal doutrina.

Pois, afinal, se essa doutrina for verdadeira, qual seria sua consequência? Que não haveria atividade, bem-estar, riqueza e felicidade possíveis senão para os povos estúpidos, vítimas de paralisia mental, aos quais Deus não concedeu os funestos dons de pensar, de observar, combinar, inventar, de obter maiores resultados com menores esforços. Contrariamente, os farrapos, os casebres ignóbeis, a pobreza e a inanição são a inevitável partilha de todas as nações que buscam e encontram no ferro, no fogo, no vento, na eletricidade, no magnetismo, nas leis da química e da mecânica, em suma, nas forças da natureza, um suplemento de suas próprias forças, e este é o caso de afirmar, junto com Rousseau, "todo homem que pensa é um animal depravado".[52]

Isso não é tudo; caso essa doutrina seja verdadeira, então, como todos os homens pensam e inventam, como todos eles, de fato, desde o primeiro até o último, e em todos os minutos de suas existências, buscam fazer as forças naturais cooperarem, fazer mais com menos, reduzir sua mão de obra ou aquela pela qual pagam, alcançar a maior soma possível de satisfação com a menor soma possível de trabalho, então é necessário concluir que a humanidade inteira é conduzida à decadência, exatamente por essa aspiração inteligente rumo ao progresso que atormenta cada um de seus membros.

---

52. Na verdade, o filósofo genebrino Jean-Jacques Rousseau nunca chegou a fazer categoricamente essa afirmação. Em seu *Discurso sobre a origem da desigualdade* [Jean-Jacques Rousseau. *O discurso sobre a origem e os fundamentos da desigualdade entre os homens*, São Paulo: Edipro, 2015. (N.E.)], ao avaliar os males advindos da civilização, em contraposição à vida harmoniosa do estado de natureza, o autor diz como figura retórica que, diante de tais males, ele seria *quase* capaz de afirmar que o homem, enquanto criatura pensante, é um animal depravado. (N.T.)

A partir de então, deve-se constatar, estatisticamente, que os habitantes de Lancastre,[53] fugindo dessa pátria de máquinas, vão procurar trabalho na Irlanda, onde elas são desconhecidas. Outrossim, constata-se, através da história, que a barbárie assombrou as épocas de civilização, e que a civilização brilha nos tempos de ignorância e barbárie.

Evidentemente há, nesse aglomerado de contradições, alguma coisa que choca e adverte-nos; que o problema esconde um elemento para sua solução que não foi suficientemente desembaraçado. Eis todo o mistério: por trás *daquilo que se vê*, jaz *aquilo que não se vê*. Tentarei expô-lo em evidência. Minha demonstração será apenas uma repetição da precedente, pois aqui se trata de um problema idêntico.

É uma inclinação natural dos homens ir, caso não sejam impedidos à força, em direção ao *barato* — quer dizer, àquilo que por uma igual satisfação poupa-lhes trabalho —, quer esse barato venha de um hábil *produtor estrangeiro*, quer venha de um *produtor mecânico*. A objeção teórica que fazem contra essa inclinação é a mesma nos dois casos. Tanto num caso como no outro, negam o trabalho que, aparentemente, atacam com inércia. Ou o trabalho tornado não *inerte*, mas *disponível*, é exatamente o que o determina. E é por isso que também opõem, nos dois casos, o mesmo obstáculo prático; a violência. O legislador *proíbe* a concorrência estrangeira e *interdita* a concorrência mecânica. Afinal, qual outro meio existe para deter uma inclinação natural a todos os homens senão sequestrando-lhes a liberdade?

Em muitos países, é verdade, o legislador ataca somente uma dessas duas concorrências e se limita a queixar-se da outra. Isso prova apenas uma coisa; que, em tais países, o legislador é inconsequente. Isso não deve nos surpreender. Em uma falsa via, sempre se é inconsequente, sem o que se mataria a humanidade. Jamais se viu, nem se verá, um princípio falso conduzido até as últimas consequências. Afirmei alhures: a inconsequência é o limite da absurdidade. Poderia ter acrescentado: e ela é, ao mesmo tempo, sua prova. Vamos à nossa demonstração, ela não será longa.

Jacques Bonhomme possuía dois francos, os quais viravam pagamento para dois operários. Mas eis que ele imagina um arranjo com cordas e pesos que encurta o trabalho pela metade. Então, ele obtém a mesma

---

53. Cidade inglesa altamente industrializada desde o século XIX. (N.T.)

satisfação, poupa um franco e dispensa um operário. Ele dispensa um operário: isso é *o que se vê*. E, vendo apenas isso, dizem: "Eis aí como a miséria decorre da civilização, eis como a liberdade é fatal para a igualdade. O espírito humano realizou uma conquista, e tão logo um operário caiu para sempre no abismo do empobrecimento. É possível, entretanto, que Jacques Bonhomme continue empregando os dois operários, mas ele não dará mais do que dez centavos a cada um. Pois ambos concorrerão entre si e oferecerão sua mão de obra por uma bagatela. É dessa forma que os ricos se tornam sempre mais ricos, e os pobres, sempre mais pobres. Cumpre reformar a sociedade!".

Bela conclusão, e digna de um exórdio! Felizmente, exórdio e conclusão, ambos são falsos, pois, por trás da metade do fenômeno *que se vê*, há a outra metade *que não se vê*. Não vemos o franco poupado por Jacques Bonhomme e os efeitos necessários dessa economia. Pois, em consequência de sua invenção, Jacques Bonhomme gasta apenas um franco com mão de obra para conseguir uma satisfação determinada, e resta-lhe ainda um outro franco. Ademais, se há no mundo um operário a oferecer seus braços desocupados, há também um capitalista que oferece seu franco desocupado. Esses dois elementos se encontram e se combinam. E está claro como o dia que, entre a oferta e a demanda de trabalho, e entre a oferta e a demanda de salário, a relação não muda em nada. A invenção e um operário — pago com o primeiro franco — fazem agora a obra que anteriormente era realizada por dois operários. O segundo operário, pago com o segundo franco, realiza uma obra nova. O que há de diferente no mundo? Há uma satisfação nacional a mais, em outras palavras, a invenção é uma conquista gratuita, um lucro gratuito para a humanidade.

Pela forma que conferi à minha demonstração, outros poderão extrair esta consequência: "É o capitalista que recolhe todos os frutos das máquinas. A classe assalariada, se não padece momentaneamente por conta delas, jamais obtém lucro algum, pois, como tu mesmo expões, o maquinário *desloca* uma porção do trabalho nacional sem o *diminuir*, é verdade, mas também sem o *aumentar*".

Não está no escopo deste opúsculo resolver todas as objeções. Sua única finalidade é combater um preconceito vulgar, muito perigoso e muito difundido. Eu gostaria de provar que uma nova máquina só põe em disponibilidade um certo número de braços na exata medida em que também, e forçosamente, põe em disponibilidade a remuneração que assalaria aqueles. Esses braços e essa remuneração se combinam para produzir o que era impossível ser produzido antes da invenção; donde segue-se que *ela fornece como resultado final um acréscimo de satisfação por um igual trabalho.*

Quem recolhe a satisfação? Sim, inicialmente é o capitalista, o inventor, o primeiro que se serve com sucesso da máquina, e aí está a recompensa por sua genialidade e audácia. Nesse caso, conforme acabamos de ver, o capitalista realiza uma economia sobre os custos de produção, a qual, de alguma maneira em que for compensada (e ela sempre o é), ocupa a mesma quantidade de braços que a máquina dispensou. Além disso, a concorrência força o capitalista a baixar seu preço de venda na medida da própria economia. Então, não é mais o inventor quem recolhe o benefício da invenção, é o comprador do produto, o consumidor, o público, o que compreende os operários, em uma palavra, é a humanidade. *O que não se vê* é que o poupado, assim obtido por todos os consumidores, forma um fundo no qual o salário pega um alimento que substitui aquele que a máquina tirou.

Assim, retomando o exemplo acima, Jacques Bonhomme obtém um produto gastando dois francos em salários. Graças à sua invenção, a mão de obra só custará, doravante, um franco. Contanto que ele venda o produto pelo mesmo preço, há um operário a menos ocupado com a fabricação desse produto específico, isso é *o que se vê*. Mas há um operário a mais ocupado pelo franco poupado por Jacques Bonhomme: isso é *o que não se vê.* Quando, pelo andar natural das coisas, Jacques Bonhomme é obrigado a baixar em um franco o preço do produto, então ele não realiza mais uma economia, então ele não dispõe mais de um franco para pagar ao trabalho nacional por um novo produto. Todavia, com isso, seu comprador o substitui, e esse comprador é a humanidade. Quem quer que compre o produto paga por ele um franco a menos, poupa um franco, e necessariamente mantém essa economia a serviço do fundo salarial: *também isso é o que não se vê.*

Deram para esse problema das máquinas outra solução fundada nos fatos. Disseram [algo como] "A máquina reduz os custos de produção, e, assim, faz baixar o preço do produto. A baixa do produto provoca o aumento do consumo, o qual necessita de um acréscimo de produção, isso leva, finalmente, à aplicação da mesma quantidade, ou até mais, de operários após a invenção do que era antes necessário. Citam, como exemplo, a imprensa, a tecelagem, a prensa, etc.".

Essa demonstração não é científica. Seria necessário concluir que, caso o consumo do produto específico permaneça estacionário ou próximo disso, então a máquina anularia o trabalho. O que não é o caso. Suponhamos que, em um país, todos os homens usem chapéus. Se conseguissem, por meio de uma máquina, reduzir-lhes o preço pela metade, não aconteceria, *necessariamente*, de consumirem o dobro de chapéus. Poderia se dizer, nesse caso, que uma parte do trabalho nacional teria sido atingida pela inércia? Sim, pela demonstração vulgar. Não, segundo a minha; pois, uma vez que nesse país não se compraria sequer um chapéu a mais, os fundos salariais não restariam menos seguros; o que seria subtraído da indústria chapeleira reencontrar-se-ia na economia realizada por todos os consumidores, e daí iria assalariar todo o trabalho que a máquina tornou inútil, assim provocando um desenvolvimento novo para todas as indústrias.

E é dessa forma que as coisas se passam. Eu vi os jornais custarem 80 francos, agora custam 48. É uma economia de 32 francos para os assinantes. Não é certo, ou pelo menos não é necessário, que os 32 francos continuem a ser destinados à indústria jornaleira. Mas o que é certo, o que é necessário, é que, se eles não vão nessa direção, então vão para uma outra. Um consumidor serve-se dos 32 francos para consumir mais jornal, o outro, para se alimentar melhor, um terceiro, para se vestir melhor, e um quarto, para melhor mobiliar sua casa.

Dessa forma, as indústrias são solidárias. Elas formam um conjunto no qual todas as partes se comunicam por canais secretos. O que é economizado em uma vai beneficiar todas as outras. O que importa é compreendermos bem que jamais, categoricamente jamais, as economias ocorrem à custa do trabalho e dos salários.

IX. CRÉDITO

Em todos os tempos, mas sobretudo nos últimos anos, sonhou-se em universalizar a riqueza universalizando o crédito.

Acredito não exagerar quando digo que, desde a revolução de fevereiro,[54] as imprensas parisienses vomitaram mais de dez mil brochuras preconizando essa solução para o *problema social*. Essa solução, desgraçadamente, tem por base uma pura ilusão de óptica, se é possível que uma ilusão sirva como base.

Começam por confundir dinheiro corrente com os produtos, em seguida confundem papel-moeda com dinheiro corrente, e é a partir dessas duas confusões que pretendem tirar uma realidade.

É absolutamente necessário, nessa questão, esquecer o dinheiro, a moeda, as cédulas e os outros instrumentos por meio dos quais os produtos passam de mão em mão para ver apenas os próprios produtos, que são a verdadeira matéria do empréstimo. Pois, quando um lavrador pega um empréstimo de cinquenta francos para comprar um arado, na verdade não são os cinquenta francos que lhe emprestam, mas, sim, o arado. E quando um comerciante toma um empréstimo de vinte mil francos para comprar uma casa, não são os vinte mil francos que ele deve, mas, sim, a casa. O dinheiro só aparece aqui para facilitar o negócio entre as várias partes.

Pierre pode não estar disposto a emprestar seu arado, e Jacques pode estar disposto a emprestar dinheiro. O que faz, então, Guilherme? Ele pega dinheiro emprestado de Jacques e, com o valor, compra o arado de Pierre. Mas, de fato, ninguém empresta dinheiro pelo próprio dinheiro. Empresta-se dinheiro para chegar-se aos produtos. Ora, em nenhum país pode-se transmitir de uma mão para outra mais produtos do que lá efetivamente existem. Qualquer que seja a soma de crédito e de papel que circule, o conjunto dos devedores não pode receber mais arados, casas, ferramentas, suprimentos e matérias-primas do que o conjunto de credores tem para fornecer. Pois coloquemos bem na cabeça que todo devedor supõe um credor, e que todo empréstimo implica um crédito. Isso posto, que bem podem fazer as instituições de crédito? O de facilitar, entre credores e devedores, o meio de encontrarem-se e entenderem-se. Entretanto, o que não podem fazer é aumentar instantaneamente a

---

54. A Revolução de 1848, que também ficaria conhecida como Primavera dos Povos, formou uma série de levantes liberais ocorridos em diversos países da Europa. Suas reivindicações foram difusas, iam de pautas liberais a outras democratas e até aspirações nacionalistas. (N.T.)

massa de objetos emprestados e devidos. Mas é isso, todavia, que seria necessário para que o objetivo dos reformadores fosse alcançado. Pois estes não aspiram a nada menos que colocar arados, casas, ferramentas, suprimentos e matérias-primas nas mãos de todos aqueles que os desejem. E, para isso, o que imaginam os reformadores? Dar ao empréstimo a garantia do Estado. Aprofundemos a matéria, pois há aqui alguma coisa *que se vê* e alguma coisa *que não se vê*. Esforcemo-nos para enxergar as duas coisas.

Suponde que há apenas um arado no mundo e que dois lavradores o queiram. Pierre é proprietário do único arado disponível na França. Jean e Jacques desejam tomá-lo emprestado. Jean, por sua probidade, por suas propriedades, por seu bom renome, oferece garantias. *Acredita-se* nele; ele possui crédito. Jacques, por outro lado, não inspira confiança, ou inspira menos que aquele. Naturalmente ocorre que Pierre empresta seu arado a Jean. Mas, eis que, sob a inspiração socialista, o Estado intervém e diz a Pierre: "Empresta teu arado para Jacques, eu garanto o reembolso, e essa garantia vale mais do que aquela de Jean, pois ele conta apenas consigo mesmo para responder por si, já eu não tenho nada, é verdade, não obstante disponho da fortuna de todos os contribuintes; é com os fundos públicos que, em caso de necessidade, pagarei o principal e o interesse". Como consequência, Pierre empresta seu arado para Jacques; *isso é o que se vê*.

Então os socialistas esfregam as mãos e dizem: "Vede como nosso plano funcionou. Graças à intervenção do Estado, o pobre Jacques tem um arado. Ele não será mais obrigado a cavar a terra; ele está, doravante, no caminho da fortuna. Isso é um bem para ele e um ganho para a nação como um todo". Mas, não, senhores! Isso não é um ganho para a nação, pois eis aqui *o que não se vê*. *Não se vê* que o arado só foi parar nas mãos de Jacques porque não foi para as de Jean. *Não se vê* que, se Jacques ara em vez de cavar, Jean deverá cavar em vez de arar. Consequentemente, aquilo que era considerado como um *acréscimo* do empréstimo é tão somente um *deslocamento* pelo empréstimo. Em outros termos, *não se vê* que esse deslocamento implica duas profundas injustiças. Injustiça para com Jean, que, após ter merecido e conquistado o *crédito* por sua probidade e atividade, se vê despojado. Injustiça para com os contribuintes, forçados a pagar uma dívida que não lhes diz respeito.

Dirão que o governo oferece a Jean as mesmas facilidades oferecidas a Jacques? Mas, uma vez que só há um arado disponível, dois não podem ser emprestados. O argumento retrocede sempre a dizer que, graças à intervenção do Estado, far-se-á mais empréstimos do que se pode fazer crédito, pois o arado representa aqui a massa de capitais disponíveis.

Reduzi, é verdade, a operação à sua expressão mais simples. Mas experimentai com a mesma pedra de toque as instituições governamentais de crédito mais complexas, e estareis convencidos de que elas só podem alçar este resultado: *deslocar* o crédito, não o *aumentar*. Em um país e em um tempo determinados, há apenas uma certa soma de capitais em disponibilidade, e tudo se encaixa. Garantindo os falidos, o Estado pode muito bem aumentar o número de devedores, incrementando, assim, a taxa de interesse (sempre em prejuízo do contribuinte), mas o que ele não pode fazer é aumentar o número de credores e a importância do total de crédito.

Deus me livre, entretanto, que me imputem uma conclusão. Eu digo que a lei não deve, em absoluto, favorecer artificialmente os empréstimos. Mas não defendo que ela deva oferecer-lhes entraves. Se, em nosso regime hipotecário ou em outra parte, se encontrarem obstáculos à difusão e à aplicação do crédito, que os façam desaparecer. Nada de melhor, nada de mais justo. Mas eis aí, com liberdade, tudo o que devem exigir da lei os reformadores dignos desse nome.

X. A ARGÉLIA

Mas eis que quatro oradores disputam a tribuna. A princípio, falam todos de uma vez; depois, um após o outro. O que disseram? Seguramente, belíssimas coisas acerca da potência e da grandeza da França, sobre a necessidade de semear para colher, sobre o luminoso futuro de nossa grande colônia, sobre a vantagem de despejar para longe o *excesso* de nossa população, etc. Magníficas peças de eloquência, sempre ornamentadas com esta peroração: "Destinai cinquenta milhões (mais ou menos) para construir portos e estradas na Argélia, para enviar para lá colonos, erguer casas para estes, limpar-lhes os campos. Assim, tereis aliviado o trabalhador francês, encorajado o trabalho africano e feito frutificar o comércio marselhês; é lucro para todos".

Sim, isso tudo é verdadeiro caso sejam considerados os tais cinquenta milhões unicamente a partir do momento em que o Estado os gasta. Quer dizer, se olharmos para onde eles vão, mas não de onde vêm; se considerarmos apenas o bem que esse montante fará saindo do cofre dos cobradores de impostos, e não o mal produzido, bem como o bem impedido quando fizeram esse dinheiro lá entrar. Sim, desse ponto de vista limitado, tudo é lucro. A casa erguida no estrangeiro[55] é *o que se vê*. O porto escavado no estrangeiro é *o que se vê*. O trabalho gerado no estrangeiro é *o que se vê*. Alguns braços a menos na França é *o que se vê*. Uma grande movimentação de mercadoria em Marselha é, também, *o que se vê*.

Contudo, há uma coisa *que não se vê*. É o fato de que cinquenta milhões gastos pelo Estado não podem mais ser gastos, como teriam sido, pelo contribuinte. De todo o bem atribuído ao gasto público executado é necessário, então, deduzir todo o mal do gasto privado que foi impedido. A menos que cheguem a dizer que Jacques Bonhomme não teria feito nada com as moedas que ganhara e que o imposto lhe arrebatou; asserção absurda, pois, se ele se deu o trabalho de ganhá-las, é porque contava com usufruí-las. Ele teria erguido a cerca de seu jardim e não o pôde mais, isso é *o que não se vê*. Ele teria fertilizado seu campo e não o pôde mais, isso é *o que não se vê*. Ele teria acrescentado um andar a mais em sua cabana e não o pôde mais, isso é *o que não se vê*. Ele teria aumentado sua coleção de ferramentas e não o pôde mais, isso é *o que não se vê*. Ele teria se alimentado melhor, se vestido melhor, educado melhor seus filhos, teria engordado o dote de sua filha e não o pôde mais, tudo isso é *o que não se vê*. Ele teria entrado para a associação de seguros mútuos e não o pôde mais, isso é *o que não se vê*. De uma parte, os prazeres que lhe são roubados e os meios de ação que destruíram em suas mãos, de outra, o trabalho do jardineiro, do carpinteiro, do ferreiro, do alfaiate e do professor de sua aldeia que ele teria incentivado e que se encontra anulado, *tudo isso também é o que não se vê*.

Contam muito com a prosperidade futura da Argélia, que seja. Mas que contem um pouco também com o marasmo que, esperando o futuro, atinge inevitavelmente a França. Apontam-me o comércio marselhês, mas, se ele é realizado com o produto do imposto, então eu mostrarei sempre um comércio igual que foi apagado no resto do país. Dizem: "Eis um

---

55. No original, *barbarie*. (N.T.)

colono transportado para o estrangeiro; é um alívio para a população que fica no país". Eu respondo: Como isso pode ser se, transportando esse colono para Argel, transportam junto duas ou três vezes o capital que o teria mantido na França?[56]

O único objetivo que tenho em vista é o de fazer o leitor compreender que, em toda despesa pública — por detrás do bem aparente —, há um mal mais difícil de discernir. O quanto puder, gostaria de fazê-lo desenvolver o hábito de ver um e outro lado, de modo a levar ambos em consideração.

Quando uma despesa pública é proposta, é preciso examiná-la por si mesma, abstraindo-se o pretenso incentivo que dela resulta para o trabalho, pois tal incentivo é uma quimera. A despesa privada teria igualmente feito o que faz a esse respeito a despesa pública. Portanto, o interesse do setor trabalhista está sempre fora de questão.

Não entra no objeto específico deste escrito apreciar o mérito intrínseco das despesas públicas aplicadas na Argélia. Mas não posso me furtar a fazer uma observação geral. É que a presunção é sempre desfavorável às despesas coletivas por via de imposto. Por quê? Pela seguinte razão: primeiro, a justiça sempre sofre em algum ponto. Porque Jacques Bonhomme suara para ganhar sua peça de cem centavos, tendo em vista uma futura satisfação, é no mínimo lamentável que o fisco intervenha para remover-lhe essa satisfação e conferi-la a outro. Certamente, cabe ao fisco ou àqueles que o fazem agir darem boas razões. Constatamos que o Estado escolhe uma razão detestável quando diz "com esses cem centavos empregarei trabalhadores" —, pois Jacques Bonhomme (tão logo não tenha mais catarata) não deixará de responder: "Por Deus! Com esses cem centavos, eu mesmo faria bem esse trabalho!".

Com essa razão posta de lado, as outras se apresentam completamente expostas, e o debate entre o fisco e o pobre Jacques se encontra deveras simplificado. Se o Estado lhe disser "tomo-te cem centavos para pagar o guarda que te dispensa de velar pela própria segurança, para pavimentar a rua que atravessas todos os dias, para compensar o magistrado que

---

56. O senhor ministro da guerra afirmou recentemente que cada indivíduo transladado para a Argélia custou ao Estado 8.000 francos. Ora, é significativo que os infelizes em questão teriam vivido bem na França com um capital de 4.000 francos. Eu questiono: como se alivia a população francesa quando lhe subtraem um homem e os meios de existência de dois? (N.A.)

faz respeitar tua propriedade e liberdade, para alimentar o soldado que defende nossas fronteiras", Jacques Bonhomme os pagará sem dizer uma palavra, a menos que eu esteja muito enganado. Mas se o Estado lhe diz "tomo-te cem centavos para te dar um soldo de recompensa, no caso de cultivares bem teu campo, ou para ensinar a teu filho aquilo que tu não desejas que ele aprenda, ou para que o senhor ministro acrescente um centésimo prato ao seu jantar; tomo esse dinheiro de ti para construir uma cabana na Argélia, além disso, tomo-te mais outra igual quantia todos os anos para manter um colono, mais outros cem para manter um soldado que guarda o colono e mais outros cem para manter um general que guarda o soldado, etc.", parece que ouço o pobre Jacques bradar "Esse regime legal assemelha-se muito ao regime da floresta de Bondy!".[57] E como o Estado prevê essa objeção, o que faz? Confunde todas as coisas, faz aparecer justamente essa razão detestável que não deveria ter influência sobre a questão. Fala sobre o efeito desses cem centavos sobre o trabalho, mostra o cozinheiro e o fornecedor do ministro, mostra um colono, um soldado e um general vivendo com os cinco francos. Ele mostra, enfim, *o que se vê*, e, enquanto Jacques Bonhomme não tiver aprendido a enxergar *o que não se vê*, será enganado. É por isso que me esforço para ensiná-lo com base em repetições.

Do fato de que as despesas públicas deslocam o trabalho sem o aumentar resulta contra elas uma segunda e grave presunção. Deslocar o trabalho é deslocar os trabalhadores, é perturbar as leis naturais que presidem a distribuição da população sobre o território. Quando 50 milhões são deixados ao contribuinte, como este está por toda parte, eles alimentam o trabalho nas quarenta mil comunas da França. Eles agem no sentido de um lugar que retém cada um em sua terra natal, são compartilhados com todos os trabalhadores possíveis e em todas as indústrias imagináveis. Se o Estado, tirando esses 50 milhões dos cidadãos, acumulá-los e gastá-los em um ponto específico, atira sobre esse ponto uma quantidade proporcional de trabalho deslocado, um número correspondente de trabalhadores despatriados, população flutuante, rebaixada, e, ouso dizer, perigosa quando os fundos são esgotados! Mas acontece isto (e aqui entro em meu tema): essa atividade fervorosa e, por

---

57. Uma floresta nas proximidades de Paris que era famosa pela ação de salteadores. (N.T.)

assim dizer, inflamada num pequeno espaço atinge todos os olhares; é *o que se vê*. O povo aplaude, maravilha-se com a beleza e a facilidade do acontecido, exige renovação e extensão. *O que não se vê* é que uma igual quantidade de trabalho, provavelmente mais judicioso, foi atingida de inércia em todo o resto da França.

XI. POUPANÇA E LUXO

Não é unicamente em matéria de despesas públicas que *o que se vê* eclipsa *o que não se vê*. Deixando na sombra metade da economia política, esse fenômeno induz a uma falsa moral. Leva as nações a considerar como antagônicos seus interesses morais e seus interesses materiais. Que coisa mais desencorajadora e triste! Vede: não há um pai de família que não assuma como um dever ensinar seus filhos a ordem, o planejamento, a mentalidade de preservação, a economia e a moderação nas despesas. Não há religião que não pese contra a pompa e o luxo. Isso é bem verdade. Mas, por outro lado, não há nada de mais popular que estas sentenças: "acumular é secar as veias do povo"; "o luxo dos grandes faz o conforto dos pequenos"; "os pródigos se arruínam, mas enriquecem o Estado"; "é sobre o supérfluo dos ricos que brota o pão do pobre".

Eis, certamente, entre a ideia moral e a ideia social, uma contradição flagrante. Quantos espíritos eminentes, após terem constatado o conflito, repousam em paz?! Isso é o que jamais pude compreender. Pois parece-me que não se pode provar nada de mais doloroso do que a percepção de duas tendências opostas na humanidade. De qualquer modo, esta chega à degradação tanto por uma quanto pela outra extremidade! Parcimoniosa, cai em miséria; pródiga, precipita-se na degradação moral!

Felizmente, as máximas vulgares mostram sob um falso prisma a poupança e o luxo, dando conta apenas dessas consequências imediatas *que são vistas*, e não dos efeitos ulteriores que *não são vistos*. Tentemos consertar essa visão incompleta.

Mondor e seu irmão Ariste, tendo dividido a herança paterna, têm, cada um, cinquenta mil francos de renda. Mondor pratica a filantropia da moda. É o que chamam de escritório de dinheiro. Ele renova sua mobília diversas vezes por ano, troca seus equipamentos todos os meses.

Comenta-se sobre os engenheiros qualificados a quem ele recorre para terminar tudo mais depressa. Enfim, ele faz empalidecer as folias de Balzac e Alexandre Dumas.

Também, é preciso entender o festival de elogios que sempre o cercam: "Louvem Mondor! Viva Mondor! Ele é o benfeitor dos operários, a providência do povo! Na verdade, ele chafurda na orgia, ele espirra nos transeuntes, sua dignidade e a dignidade humana sofrem um tanto... Mas, bah! Se ele não é útil para si mesmo, o é por sua fortuna. Faz o dinheiro circular, seu átrio não fica vazio de fornecedores que saem de lá sempre satisfeitos. Não é dito que, se o ouro é redondo, é porque ele rola?".

Ariste adotou um plano de vida bem diferente. Se ele não é um egoísta, é ao menos um *individualista*, pois racionaliza suas despesas, só procura por prazeres moderados e razoáveis, planeja o futuro de seus filhos e, para soltar a palavra, *economiza*. É preciso ouvir o que o vulgo diz sobre ele: "Para que serve esse mal rico, esse avaro?[58] Sem dúvida há algo de imponente e tocante na simplicidade de sua vida. Ele é, ademais, humano, benfeitor, generoso, mas ele *calcula*. Não devora todos os seus rendimentos. Seu hotel não está sempre resplandecente e rodopiante. Qual é o reconhecimento que ele adquire entre os tapeceiros, os fabricantes de carruagens, os criadores de cavalos e os confeiteiros?".

Esses julgamentos, funestos à moral, fundam-se em uma coisa que salta aos olhos: o gasto do pródigo; e um outro que se esquiva: o gasto igual, e mesmo superior, da economia. Mas as coisas foram tão admiravelmente ordenadas pelo divino inventor da ordem social que, em relação a isso, assim como em relação a tudo, a economia política e a moral, longe de colidirem, concordam, e a sabedoria de Ariste é não apenas mais digna, mas também mais *profícua* que a insensatez de Mondor. E quando digo profícua não quero dizer profícua apenas para Ariste, ou mesmo para a sociedade em geral, mas profícua para os operários atuais, a indústria do momento. Para comprovar isso, basta colocar aos olhos do espírito essas consequências escondidas das ações humanas que os olhos do corpo não veem.

Sim, a prodigalidade de Mondor tem efeitos visíveis a todos os olhos: todos podem ver suas carruagens, suas terras, seus faetontes,[59]

---

58. No original, *fesse-mathieu*. (N.T.)
59. No original, *phaétons*. Um tipo de carruagem de quatro rodas. (N.T.)

as bonitinhas pinturas de seus tetos, suas ricas tapeçarias, o brilho que emana de seu hotel. Todos sabem que seus *puros-sangues* correm no campo. Os jantares que ele oferece no hotel de Paris congestionam a multidão no *boulevard*, e as pessoas dizem: "Eis um bravo homem que, longe de preservar suas rendas, provavelmente lasca seu capital!". *Isso é o que se vê.*

Também não é confortável enxergar, do ponto de vista do interesse dos trabalhadores, o que é feito dos rendimentos de Ariste. Entretanto, seguiremos seu rastro e assegurar-nos-emos que todos eles, *até o último óbolo*,[60] financiarão o trabalho dos operários tão certamente quanto as receitas de Mondor. Há tão somente esta diferença: a gastança tresloucada de Mondor está condenada a decrescer sem cessar até findar num termo necessário. Já o gasto parcimonioso de Ariste aumentará ano após ano. E, se acontece dessa forma, certamente o interesse público se encontra de acordo com a moralidade.

Ariste gasta, para si e sua casa, 20 mil francos por ano. Se isso não fosse o suficiente para sua felicidade, ele não mereceria o nome de sábio. Ele é sensível aos males que pesam sobre as classes pobres. Crê-se, em sua consciência, no dever de fornecer algum alívio aos desafortunados, e consagra 10 mil francos à caridade. Entre os negociantes, industriais e agricultores, tem amigos momentaneamente atribulados. Informa-se sobre a situação destes a fim de socorrê-los com prudência e eficácia, então destina, para esse fim, outros 10 mil francos. Finalmente, ele não se esquece de que tem filhas às quais deve dar o dote, filhos aos quais assegurar o futuro, e, consequentemente, impõe-se o dever de poupar e depositar 10 mil francos todos os anos. Eis, então, o emprego de seus rendimentos:

despesas pessoais..........................20.000 francos;
caridade ....10.000 francos;
serviços de amizade ....10.000 francos;
poupança ....10.000 francos.

Retomemos cada um desses capítulos e veremos que nenhum óbolo escapa do trabalho nacional.

---

60. Uma moeda grega de pouco valor. (N.T.)

1) Despesa pessoal. Esta, quanto aos operários e fornecedores, tem efeitos absolutamente idênticos a uma despesa igualmente feita por Mondor. Isso é evidente por si mesmo, não nos estenderemos.

2) Caridade. Os 10 mil francos consagrados a esse destino alimentarão igualmente a indústria. Eles chegam ao padeiro, ao açougueiro, ao vendedor de roupas e ao comerciante de móveis. O único detalhe é que o pão, a carne e os trajes não servem diretamente a Ariste, mas àqueles com os quais negociou. Ora, essa simples substituição de um consumidor por outro não afeta em nada a indústria geral. Que Ariste gaste cem centavos ou que suplique para que um infeliz os gaste em seu lugar é a mesma coisa.

3) Serviços de amizade. O amigo a quem Ariste empresta ou dá 10 mil francos não os recebe para enterrá-los; essa hipótese é absurda. Ele usa o dinheiro para pagar comerciantes ou dívidas. No primeiro caso, a indústria será enriquecida. Ousarão dizer que ela teria mais a ganhar com a compra de Mondor de um *puro-sangue* por 10 mil francos do que com a compra de Ariste ou de seu amigo de 10 mil francos em tecidos? Caso essa soma sirva para pagar uma dívida, a única diferença é que aparece um terceiro personagem na história, o credor, que pegará os 10 mil francos, mas que certamente os empregará em algo de seu comércio, sua usina ou sua operação. É um intermediário a mais entre Ariste e os operários. Os nomes mudam, o gasto permanece, assim como o fomento à indústria.

4) Poupança. Restam os 10 mil francos *poupados*. E é aqui que, do ponto de vista do investimento nas artes, na indústria, no trabalho, nos operários, Mondor parece muito superior a Ariste, apesar de que, do ponto de vista moral, Ariste se mostra um pouco superior em relação a Mondor.

Não é sem um desconforto físico, que beira o sofrimento, que vejo a aparência de tais contradições entre as grandes leis da natureza. Se a humanidade fosse obrigada a optar entre dois partidos, entre um que ferisse seus interesses e o outro, sua consciência, restar-nos-ia somente desesperar em relação ao futuro. Felizmente, não é assim. E, para vermos Ariste retomar sua superioridade econômica, da mesma forma que a superioridade moral, basta compreendermos este axioma consolador, que não é menos verdadeiro por conta de sua fisionomia paradoxal: *poupar é gastar*.

Qual é o objetivo de Ariste quando economiza 10 mil francos? Seria o de enterrar 10 mil moedas de cem centavos num esconderijo em seu jardim? Certamente que não; esse dinheiro, que ele não usa para comprar satisfações pessoais, ele usa para comprar terras, uma casa, anuidades sobre o Estado, ações industriais, ou igualmente deposita com um comerciante ou um banqueiro. Segui os escudos em todas essas hipóteses, e convencer-vos-ei de que, por intermédio dos vendedores ou dos devedores, eles alimentarão o trabalho da mesma forma que se Ariste, a exemplo de seu irmão perdulário, os tivesse trocado por mobília, joias e cavalos.

Enquanto Ariste compra por 10 mil francos terras ou dividendos, está determinado pela ideia de que não tem necessidade de gastar essa soma, mas é por isso que lhe reprovam. Igualmente, aquele que lhe vende a terra ou o dividendo está determinado pela consideração de que tem a necessidade de gastar esses 10 mil francos de uma forma qualquer. Isso ocorre de tal modo que o gasto se realiza sempre, ou por Ariste ou por aqueles que o substituem.

Portanto, do ponto de vista da classe trabalhadora e do fomento ao trabalho, há tão somente uma única diferença entre a conduta de Ariste e a de Mondor. O gasto de Mondor, sendo realizado diretamente por ele, em torno dele, é um gasto que *se vê*. O de Ariste, que se executa em parte por intermediários e a distância, é um gasto *que não se vê*. Mas, de fato, e para quem sabe ligar os efeitos às causas, aquele gasto que não se vê é tão certo quanto o que se vê. O que o prova é que, em ambos os casos, as moedas *circulam*, e não resta mais no cofre do sábio do que no do perdulário.

Sendo assim, é falsa a afirmação de que a poupança prejudica a indústria. Com relação a isso, ela é tão benévola quanto o luxo. Todavia, o quanto lhe é superior se o pensamento, em vez de se prender ao momento fugaz, abraça um período longo!?

Dez anos transcorreram. O que foi feito de Mondor, de sua fortuna e de sua grande popularidade? Tudo desapareceu, Mondor está arruinado. Longe de difundir 60 mil francos, todos os anos, no corpo social, é mais provável que tudo isso, hoje, lhe seja um fardo. Em todo caso, ele não faz mais a alegria de seus fornecedores, não conta mais como um patrocinador das artes e da indústria, não representa mais nada de bom para os operários, não é nada mais que sua espécie abandonada ao sofrimento. Ao fim do mesmo decênio, Ariste não só continua a pôr todos os seus rendimentos em circulação, mas o faz numa quantidade que aumenta ano após ano. Ele engrossou o capital nacional, quer dizer, o fundo que alimenta o salário, e como é da importância desse fundo que depende a demanda de mão de obra, ele contribui para o crescimento progressivo da remuneração da classe operária. Quando ele vem a falecer, deixa filhos que criou para ocuparem o mesmo lugar nessa obra de progresso e civilização.

No quesito moral, a superioridade da poupança sobre o luxo é incontestável. É reconfortante pensar que o mesmo ocorre no quesito econômico para qualquer um que não se limite aos efeitos imediatos dos fenômenos e saiba conduzir suas investigações até os efeitos definitivos.

XII. DIREITO AO TRABALHO, DIREITO AO LUCRO

"Irmãos, fazei vossa cota para me fornecer o trabalho pelo vosso preço." Esse é o direito ao trabalho, o socialismo elementar ou de primeiro grau.

"Irmãos, fazei vossa cota para me fornecer a obra pelo meu preço." É o direito ao lucro, o socialismo refinado ou de segundo grau.

Um e outro vivem pelos seus efeitos *que são vistos*. Eles morrerão por seus efeitos *que não são vistos*. *O que se vê* é o trabalho e o lucro incitados pela cotização social. *O que não se vê* são os trabalhos e os lucros aos quais daria lugar essa mesma cotização se a deixassem aos contribuintes. Em 1848, o direito ao trabalho se mostrou um momento sob duas faces. Isso foi o suficiente para arruiná-lo para a opinião pública. Uma dessas faces se chamava *oficina nacional*. A outra, *quarenta e cinco centavos*. Milhões vão todos os dias da rua Rivoli às oficinas nacionais. Esse é o lado bom da moeda. Mas eis o reverso: para que milhões saiam de um cofre, é preciso que, antes, tenham lá entrado. É por isso que os organizadores do direito ao trabalho foram até os contribuintes.

Ora, os camponeses diziam: "É preciso que se paguem 45 centavos. Então, serei privado de uma roupa, não fertilizarei meu campo, não consertarei minha casa". E os trabalhadores do interior diziam: "Porque nosso burguês se priva de uma roupa, haverá menos trabalho para o alfaiate. Porque ele não aduba seu campo, haverá menos trabalho para o escavador. Porque ele não reforma sua casa, haverá menos trabalho para o carpinteiro e o pedreiro…".

Foi, então, provado que não se tira de uma sacola duas moagens, e que o trabalho vendido pelo governo se faz à custa do trabalho pago pelo contribuinte. Isso foi a morte do direito ao trabalho, que se mostrou como uma quimera tanto quanto como uma injustiça. E, todavia, o direito ao lucro, que é tão somente um exagero do direito ao trabalho, ainda vive e comporta-se como uma maravilha.

Não há alguma coisa de vergonhosa no papel que o protecionista faz a sociedade interpretar? Ele diz: "É preciso que me dês trabalho e, mais ainda, trabalho lucrativo. Escolhi estupidamente uma indústria que me deixa com dez por cento de perda. Se arrancas uma contribuição de vinte francos de meus compatriotas e os entrega a mim, minha perda se converterá em lucro. Ora, o lucro é um direito, tu me deves!".

A sociedade que escuta esse sofisma carrega-se de impostos para satisfazê-lo, a ponto de não perceber que uma perda apagada para uma indústria não deixa de ser uma perda porque as outras a cobrem; essa sociedade, afirmo, merece o fardo que lhe fazem carregar.

Assim, vê-se pelos numerosos assuntos pelos quais percorri que não conhecer economia política é deixar-se deslumbrar pelo efeito imediato de um fenômeno. Conhecê-la é abraçar com o pensamento e sua previsão o conjunto dos efeitos.[61]

Eu poderia submeter, aqui, diversas outras questões à mesma prova. Mas recuo diante da monotonia de uma demonstração sempre uniforme, e termino aplicando em relação à economia política o que Chateaubriand disse sobre a história:

> Há duas consequências na história: uma imediata, que é conhecida instantaneamente, e outra distanciada, que não é percebida de início. Essas consequências frequentemente se contradizem, umas vêm de nossa curta sabedoria, outras, da sabedoria duradoura. O evento providencial aparece

---

61. Se todas as consequências de uma ação recaíssem sobre seu autor, nossa educação seria célere. Mas não é assim. Algumas vezes, as boas consequências visíveis ocorrem conosco, e as más consequências invisíveis, com outrem, o que as torna ainda mais invisíveis para nós. É preciso, então, esperar que a reação venha daqueles que sofrem as más consequências de um ato. Ocasionalmente, isso demora muito, e aí está o que prolonga o reino do erro. Um homem realiza um ato que produz boas consequências iguais a 10, para seu proveito, e más consequências iguais a 15, repartidas sobre trinta de seus semelhantes, de modo que recaia, para cada um, apenas metade. Ao todo, há perda, e a reação deve necessariamente ocorrer. Concebemos, entretanto, que ela se fará tanto mais demorada quanto mais o mal for disseminado pela massa, e o bem, concentrado sobre um ponto. (N.A.)

após o evento humano. Deus se ergue por detrás dos homens. Negai tanto quanto agrada-lhe o supremo conselho, não consintais à sua ação, disputai as palavras, apelai à força das coisas ou à razão disso, que o vulgo chama Providência. Mas observai até o fim de um fato finalizado e vereis que ele sempre produz o efeito contrário do esperado quando não foi estabelecido, desde o início, sobre a moral e a justiça.

(Chateaubriand, *Memórias de além-túmulo*)

Este livro foi impresso pela Grafilar
em fonte Minion Pro sobre papel Pólen Bold 90 g/m²
para a Edipro no inverno de 2022.